红旗渠精神历久弥新

申伏生 著

中原出版传媒集团
中原传媒股份公司
大象出版社
·郑州·

图书在版编目(CIP)数据

红旗渠精神历久弥新 / 申伏生著.— 郑州 : 大象出版社, 2019. 12 (2020. 11 重印)
ISBN 978-7-5711-0212-8

Ⅰ. ①红… Ⅱ. ①申… Ⅲ. ①思想政治教育-研究-中国 Ⅳ. ①D64

中国版本图书馆 CIP 数据核字(2019)第 119576 号

红旗渠精神历久弥新

HONGQIQU JINGSHEN LIJIUMIXIN

申伏生 著

出 版 人 汪林中
策　　划 董中山
责任编辑 方　敏
责任校对 李婧慧
装帧设计 付锬锬

出版发行 大象出版社(郑州市郑东新区祥盛街 27 号　邮政编码 450016)
发行科　0371-63863551　总编室　0371-65597936
网　　址 www.daxiang.cn
印　　刷 河南文华印务有限公司
经　　销 各地新华书店经销
开　　本 720 mm×1020 mm　1/16
印　　张 10.5
字　　数 139 千字
版　　次 2019 年 12 月第 1 版　2020 年 11 月第 4 次印刷
定　　价 25.00 元

印厂地址　新乡市获嘉县亢村镇工业园
邮政编码　453800　　　　电话　0373-5969992　5961789

序

张光辉

成就伟业不能缺少成就伟业的精神，无论国家、民族、政党还是个人，都需要有精神支撑。中华民族之所以历经五千年而不衰，遭受千灾万难而不垮，面对一个又一个强敌而不屈，一步一步地走向繁荣富强，一个重要的原因就在于它创造和积累了伟大的民族精神。中国共产党在近一个世纪的风雨征程中，领导人民熔铸锻造了伟大的精神。党的伟大精神展现了不同历史时期鲜明的精神风貌，在社会主义建设时期，我们党形成了具有时代特点的大庆精神、雷锋精神、焦裕禄精神、“两弹一星”精神、红旗渠精神……

红旗渠是20世纪60年代，林县人民为解决千百年来干旱缺水的困境，在极端艰苦的条件下苦战10年，靠一锤一钎一双手修建的全长1 500千米的水利工程。红旗渠的成功修建，不仅解决了当时55万人的吃水和54万亩农田的灌溉问题，而且孕育了“自力更生、艰苦创业、团结协作、无私奉献”的红旗渠精神，成为屹立在中原大地的一个精神坐标。这种精神根植于悠久的中华民族文化传统，既显示了中华民族难而不惧的坚强意志，又展现了中华儿女脚踏实地的实干精神；既继承和发扬了中华民族勤劳、节俭、勇敢的优秀品德，又体现了当代中国人不畏艰险科学求是的信念，影响了一代又一代党员干部和人民群众，成为我们党宝贵的精神财富和历久不衰常讲常新的红色经典。

习近平总书记指出："不忘初心，牢记使命，就不要忘记我们是共产党人，我们是革命者，不要丧失了革命精神。"红旗渠精神是社会主义建设时期铸就的革命精神，它跨越时空、永不过时，是砥砺我们不忘初心、牢记使命的不竭精神动力。在全党自上而下开展"不忘初心、牢记使命"主题教育活动之际，申伏生同志著、大象出版社出版的《红旗渠精神历久弥新》一书，有助于我们深入理解和感悟红旗渠精神所承载的中国共产党人的初心使命。

谈起红旗渠精神，我总有一种特殊的感情。1993 年，河南省委五届七次全会在当时的林县召开，为筹备会议，我作为河南省委宣传部调研组成员来到林县，就林县人民的创业精神进行实地调研。经过一个月的调研，我和调研组的其他同志一起代省委起草了《学习林县人民艰苦创业精神的决定》，作为省委五届七次全会的主要文件。与此同时，我们调研组依据调研成果，由我执笔撰写了 1.2 万字的《优秀的民族精神和改革开放现代意识的结合——关于林县人民创业精神的调查》调研报告，对伟大的改革开放精神丰富和发展了红旗渠精神的内涵要义、奋斗性质、为民本色进行了系统深入的总结。这篇调研报告署名"河南省委宣传部调研组"在 1993 年 8 月 31 日《河南日报》上发表，后获得中宣部"五个一工程"奖。1997 年到 1999 年，我被组织安排到已撤县建市后的林州市任副市长，有机会近距离地学习、感悟红旗渠精神。两年间，我与林州的干部群众一起生活、工作，对红旗渠精神有了更深刻的认识，受到了红旗渠精神的洗礼，这对我的世界观、人生观、价值观都产生了巨大影响。

也许因为上述原因吧，作者邀我为本书作序。通读文本，凝眸红旗渠建设的历程，穿越当年惊心动魄的历史现场，我倍感红旗渠精神昂扬向上的政治情怀和壮志满怀的奋斗激情。本书从理论与学术角度对红旗渠精神所蕴含的党性与人民性的关系、民族性与时代性的关系、先进性与开放性的关系进行了一定的理论探索，使红旗渠精神的时代意义与实践价值的系统阐述更加厚实，从某种意义上拓宽了红旗渠精神研究的视角。这种探索和努力对于深化红旗渠精神的研究，推动红旗渠精神的不断发展大有裨益。

红旗渠精神是党的全面领导、社会主义制度优越性、人民群众创造精神的有机统一，彰显着鲜明的党性和人民性；红旗渠精神是对中华民族优秀传统的延续和再现，蕴藏着强大的民族精神力量，同时又是在中华人民共和国成立后，在社会主义建设时期对党的政治本色、精神风貌的时代传承和创新，是民族性与时代性的有机统一；红旗渠精神是党的宗旨的集中体现，是保持先进性、纯洁性的力量源泉，在实现中国特色社会主义共同理想的奋进中，将不断激发我们凝聚创业共识、吸收实践智慧，实现自我完善和发展，是先进性与开放性的辩证统一。

一渠清流，依稀照见一个国家奋进的身影；一种精神，在今与昔的交替中闪烁。今天我们来看红旗渠，形而下的是这条渠，形而上的是一种精神。《红旗渠精神历久弥新》把一个充满生机活力的精神体系多方位地呈现给读者，对于学习和弘扬红旗渠精神是一件很有意义的事，对该书的出版我表示由衷的祝贺。

2019 年 11 月 10 日

目　录

第一章

历尽沧桑铸精神

水是人类赖以生存的基础，人类对水力资源加以开发并防止水灾称为水利。“水利”一词最早见于《吕氏春秋》中的《孝行览·慎人》篇，但它所讲的“取水利”指捕鱼之利。西汉司马迁《史记》之《河渠书》记述了从大禹治水到汉武帝黄河瓠子堵口这一历史时期内一系列治河防洪、开渠通航和引水灌溉的史实，并指出“自是之后，用事者争言水利”。从此，“水利”一词就具有防洪、灌溉、航运等除害兴利的含义。

水与人的关系非常密切，所以，从古至今水与人之间发生着太多的故事。河南省林县历来干旱缺水，为了改变这种困境，林县人民靠一锤一钎，花10年时间，修建了全长1 500千米的渠道，解决了55万人的吃水和54万亩耕地的灌溉问题，红旗渠被人们称为“人工天河”。林县人民改天换地的壮举使红旗渠从一项水利工程，延展为一个地标、一处风景，更升华为一种精神。

第一节　红旗渠工程建设的历史背景

林州市位于河南省西北部，太行山东麓，晋、冀、豫三省交界处，原称林县，1994 年 1 月撤销林县设立林州市。境内山脉以太行山为主干，绵亘西部，海拔约 1 700 米。东部浅山丘陵区平均海拔 500 米，土薄石厚，沟间有农田，平原面积少。

林州境内地势由西向东倾斜，地形陡峭，地质构造复杂：在山地、丘陵地区，有裂隙承压水和喀斯特山泉分布，但涌水量很小；断层发育，大小断层交错出现，最大的断层贯穿林州南北 35 千米；石灰岩广泛分布，多裂隙、溶洞，缺乏良好和稳定的隔水层，流水漏失，浅层地下水贫乏。即使地下深层有水，开采利用也非常困难。中华人民共和国成立前，河顺镇河湾村集全村之力，打了一口 50 多米深的井，终于见到了水。这么深的井，足有 15 层楼高。村民们打水得用一搂粗的铁辘轳往上绞，好半天才绞上一桶水，那一带就有了这样的民谣："走东村，串西村，好女不嫁河湾村；辘轳大，井又深，绞水使断脊梁筋。"

林州境内的淇河、洹河、淅河、露水河等几条山地型河流，大多发源于境内西部山地，径流短促，集水面积小，河床纵坡大，主要靠降水补给，冬春干竭少水，汛期多有山洪暴发。当地民谣曰："天旱把雨盼，下雨冲一片，卷走黄沙土，留下石头蛋。"因此，搞蓄水工程也是事倍功半，即便雨季能蓄一点水，也用不到来年。一亩地，好年景也只不过打百把斤粮食。林县人民世世代代就挣扎在这样一块水瘦山寒的土地上。

1. 干旱缺水的苦难

据《重修林县志》载："林境山多水少，居民苦汲，土薄石厚，凿井无泉。致远汲深，人畜疲极。每遇亢旱，居民悬釜待炊，欲救瓶罍[①]之罄，不择溲渤之污。蝎[②]既为灾，秽亦生疾，南乡尤甚，山后类然。"[③]"而土厚之处亦有数十丈不得水者，或凿地为窖以储雨水，名曰旱井。然大旱则旱井亦涸，且不能家家皆有，于是有取水十余里外者，老弱妇女抱瓮蹀躞，生活之难，水火几与菽粟等矣。"[④]在这个世界上，有多少人知道，在这样一个地方，民众所过的艰辛生活呢！

20世纪初，任村镇桑耳庄村300多户人家，常年跑到几千米外的黄崖泉担水吃。山高坡陡，曾经跌死、跌伤数人。1920年大旱，黄崖泉的泉水只剩下火柴头那么粗，水小得可怜。大年三十，年过六旬的桑林茂老汉起五更爬上黄崖泉，想趁早挑一担水回家过年。挑水的人越来越多，一直挨到天黑，他才接满了一担水。回来的路上，桑林茂小心地挪着步子，生怕洒出一点儿水，回到村里天已经黑了。腊月的太行山，一

---

① "罍"应为"罍"。

② "蝎"应为"暍"。

③ 《林州旧志汇编》第四辑《重修林县志》，点校本，第243页。

④ 同上。

阵又一阵的寒风掠过树梢，呼呼地刮着。桑林茂新过门的儿媳妇王水娥，心疼公公，就出村去迎接。由于天黑路滑，新媳妇的脚又小，接过担子刚走了几步，一不小心被石头绊倒，一担水洒了个精光。桑林茂趴在地上想把水捧回桶里，然而覆水难收啊！在这大年夜，来回十几里路才挑了一担水，全家人已包好饺子就等着这水下锅了，水到门口却被自己洒了，新过门的儿媳妇又羞又愧，就在万家团圆的大年夜上吊自尽了。桑林茂老汉在大年初一埋葬了儿媳妇的尸体，带着全家老小，踏上了逃荒路。从此，桑林茂一家再无音信。那年月，一担水的倾覆，竟然剥夺了一个人的生命，给一个家庭带来难以承受的灾难。

2012 年岁末，电影《一九四二》公映。观影的人们被电影所反映的豫中平原人民的苦难深深震撼。其实，当年在河南省西北角的太行山区，林县人民所承受的苦难与之相比有过之而无不及。1942 年，林县又遇大旱，饿殍遍地，老百姓在本地活不下去了，只好含泪离开故土，到外地去逃荒要饭。在林县流传着这样一句话："不吃山西粮，不能过时光。"饥饿的林县人为讨活命，越过虹梯关、小西天、玉峡关三条太行山的隘道，逃荒到山西。那些饥寒交迫的逃荒者，卖儿卖女，泪洒逃荒路。今天，在山西省东南和吕梁一带，就有很多林县逃荒移民形成的"林县村""林县沟""林县集""小林县"。在山西省长治市西南十余千米处有一个村庄叫林移村，意思是林县移民村。在山西省太原市五一广场附近有一个林县移民巷。

翻开林县县志，我们可以清楚地看到从明正统元年（1436）到 1949 年中华人民共和国成立的 500 多年当中，林县十年九旱，其中较大的旱灾 104 次，大旱绝收 38 次。特别是清光绪二年（1876）到光绪四年（1878），"自二年以来岁已不丰，三年春日无雨，麦未种。四年春始雨谷禾方生。

受饥，人相食，人之死者，大约十分有七矣”[1]。

在林县，随处可见的庙宇是龙王庙。按照中国传统神话中的说法，天上的龙王主管着人间四季的降水。祖祖辈辈的人们曾经无数次祈求神灵的护佑，但是，数百年来干旱带来的恐慌始终挥之不去。据中华人民共和国成立初期统计，由于干旱缺水，全县550个行政村中，需要翻山越岭、远道取水的就有307个村。往返十里、二十里挑一担水，常常要用上半天时间，而这半天时间挑来的水仅仅够做饭用，所以，当地群众中流传着这样一首民谣：

家住在山间，用水真作难。
担水要翻山，吃水似油盐。

严峻的缺水环境，使以前的林县有一个很奇怪的传统，那就是客人来了不倒水，亲戚来了不端茶。电影纪录片《红旗渠》的编导姜云川，抗战时曾在林县工作过。有一次外出回来，房东老大娘为他端来一小盆洗脸水，他洗完后顺手就泼掉了。老大娘拿着那个小小的空洗脸盆怔怔的，脸上有一种姜云川说不出的表情。过了几天，又一次外出回来的姜云川准备洗脸，他一看，脸盆里放了两个鸡蛋。他问大娘，脸盆里放鸡蛋是什么意思。大娘说：“孩子，你不知道啊，咱这儿缺水啊，洗脸水不能倒啊，你洗完脸的水还可以喂猪，用处很多的，你这么倒了多可惜啊。”中国地方志协会常务理事、河南省地方史志协会副会长杨静琦，在1995年《红旗渠志》发行座谈会上，回忆起1944年的一段往事。那年，她和一批干部奉调从晋察冀边区南下，从林县境内走过，想在路过

① 红旗渠志编纂委员会编：《红旗渠志》，北京：生活·读书·新知三联书店，1995年，第572页。

的村庄寻碗水喝，却得到老大娘这样亲切的回答：“同志，这年头太旱了，喝水不容易，给你个窝窝头吃吧。”宁给一个窝窝头，也不给一碗水，这种事情在林县是司空见惯的。山里有不少人家长年累月不洗衣服、不洗手、不洗脸，逢年过节或者串亲戚、赶庙会等特殊时候才洗手、洗脸、洗衣服。洗手、洗脸也是全家共用一个洗脸盆，从水缸里舀出一点点水，男人洗了女人洗，大人洗了小孩儿洗，洗完了还要将脏水澄清留作下次再用。刷锅、洗碗水也是舍不得倒掉，用来让牲口喝或者浇菜，实在太脏了，还要留着和煤用。

缺水给当地人民群众的日常生活带来的困难实在是苦不堪言。1951年春天大旱，当时担任任村区副政委的李运宝到盘阳村蹲点，有一天去漳河里担水，见一个 40 岁出头的腿脚不便的妇女，哭着打一个十来岁的小孩子。询问后才知道，她丈夫早已去世，家里有一个 70 多岁的婆婆。因为没有劳动力，才让这个小孩子随她用两个葫芦担水种棉花。孩子小啊，在上坡时一不小心跌了一跤，两个葫芦摔破了，水也洒光了，气得她打孩子。这时候，来往担水的人越来越多，大家有的为她抹眼泪，有的上前劝说娘儿俩。这名妇女听说李运宝是政委后，便拉着孩子“扑通”跪下，抱住李运宝的腿说：“政委啊，你看，这日子可咋个过呀？”李运宝心里酸酸的。作为本地人，李运保深知林县人民缺水的艰难。他出生于林县河顺区的井上村，1935 年天大旱，爹爹因病躺在炕上，8 岁的他和 12 岁的哥哥到村南五里外的山沟去抬水。当兄弟俩抬着一桶水往回走时，北边村子的上空乌云翻滚，电闪雷鸣，不一会儿雨点就落在他们头上。兄弟俩心想村里肯定下了大雨，便把桶里的水一倒，抬着空桶一溜小跑回了家。谁知到家一看，地上只湿了一层皮。爹爹知道这事后，气得差点要了命。

饱受缺水之苦的林县人民，祖祖辈辈缺水盼水，盼望天降及时雨，盼望地下有水源，盼望河里长流水，盼望山谷流清泉，盼望吃水不出村，盼望种上水浇田。千百年来在缺水的环境中苦苦挣扎的林县人民，想水、盼水、求水、找水，形成了与生俱来的恋水情结。彼时的林县人，就是给闺女找婆家，也要寻个有水的村子。在林县与水有联系的村庄特别多，全县 500 多个村子中，与水相关的村名就有 300 多个，如洪河、井院、张家井、李家池、砚花水等。连给孩子起名也要带上水字，如水生、水旺、水泉、水英、水莲、来水、发水、生水、全水……

水啊，与人类息息相关的水，让地球生物须臾离不开的水，林县干渴龟裂的土地在盼望你，饱受缺水之苦的林县人民在呼唤你……

2. 不甘屈服的顽强抗争

在这片干旱的土地上，在过去漫长的历史中，这里的人们与如此缺水的命运不屈地进行着持续的抗争。元朝时，潞安巡抚李汉卿路过林县，对前来迎接他的地方官说，不要为我准备什么丰盛的菜肴了，我只想好好洗个澡，以解旅途的乏困。地方官面有难色，巡抚感到十分纳闷儿。第二天一早，巡抚轻装简行，只带了一名随从，到民间微服私访。整整一天走下来，他发现当地的老百姓惜水如命，一碗水要反复使用，舍不得倒掉。几天私访下来，他很有感触，登上太行天平山，发誓一定要为这里的百姓修条渠。在元至元五年（1268），他主持修建天平渠。天平渠从太行山深处的泉水开渠引水，一直向东流到林县城区。老百姓们花费了 3 年时间，修建出长 10 千米、宽 1 米的水渠，解决了沿途村庄用水和城区的供水问题。

在红旗渠第一干渠经过的洪谷山里，有一座谢公祠。很多外地游客来了以后，搞不清楚这里究竟供奉着哪一位神仙。其实，这里供奉的并不是哪一位神仙，而是一个人，一个在明朝时期曾经在林县当过知县的人，他叫谢思聪。谢公祠旁边有一条小水渠，当地人称它谢公渠，这条渠就是知县谢思聪主持修建的。他看到群众吃不上水，多方考察，决心从洪谷山深处引山泉水到山下的村庄。他发动当地群众，用了4年的时间，修了一条长9千米、宽只有40厘米左右的石槽渠。渠水滋润了山下方圆几十里的土地，成了附近十几个村庄百姓的生命渠。老百姓感激他治水惠民的恩德，就为他修建了这座祠堂，让子孙后代世世代代供奉他。400多年过去了，谢公渠的水依然流淌着，发挥着作用。

清康熙十四年（1675）林县修建了桃园南渠，乾隆十六年（1751）修建了北陵阳渠。

民国时期，林县先后修建了盘阳渠、益民渠。抗日战争时期，根据地党组织领导林县人民一边抗日，一边修渠，在县北修建了木家庄渠，在县南修建了爱民渠、荷花渠。

水是人类生活不可或缺的资源，但对林县人民来说，这种不可或缺的资源是如此的稀缺。从元朝到中华人民共和国成立前，干旱缺水的自然资源背景，使林县历代地方官和当地群众自发地修建过十余条引水渠。但是，过去的这些水利工程都只是小范围地解决了一部分老百姓的用水问题，更多的人们还是生活在缺水的困境之中。当大自然给予了林县人民特殊的生存条件，谁又能拯救这片干旱的土地呢？

3. 跨地域找水引水

几百年来，林县人总是千方百计想把山泉水引出来，把天上的水蓄起来，把地下的水挖出来。然而，这种原地引、蓄、挖的治水方式，只能缓解局部地区一时的旱情，再遇大旱，这些水利设施大多无济于事。1959年林县又遇大旱，河水断流，井塘干涸，水库底见天。已建成的水渠没水可引，建成的水库没水可蓄。

水，关系到生命的存在，关系到人的尊严，但向哪里要水呢？我们都知道一句著名的古诗：“问渠那得清如许，为有源头活水来。”只有源源不断的活水注入，渠才有生命活力。要是没有源头活水，那渠就不能成为渠了。所以，要修引水大渠，就必须保证水源；要保证水源，就必须寻找到新水源。1959 年 6 月 11 日，林县县委召开会议，决定跳出县域局限去找水，到邻县考察新水源。寻找新水源的三个调查组成立了，县委书记杨贵带领考察组到漳河[①]找水，历史上著名的西门豹治邺的故事就发生在现今漳河下游的临漳县。

战国时期的魏国郡守西门豹初任邺地太守，了解到民之疾苦乃为给河伯娶媳妇。原来，邺城位于漳河下游，漳河发水时，洪水泛滥，给老百姓带来灾难。地方豪绅便在每年的洪水季节为河伯娶妻，由巫婆神汉作法，选当地老百姓家的少女投进河中，好使河伯不为难两岸百姓。这种愚蠢的治水方式使老百姓灾上加祸，人们纷纷逃离家园。西门豹带领当地老百姓引水治邺，使老百姓安居乐业。西门豹治邺的故事告诉人们，历史上的漳河水量是很丰富的。1959 年 6 月，林县县委书记杨贵来到这条漳河上游的山西省平顺县境内，他通过查看水文资料，走访当地群众，掌握了有关浊漳河的第一手材料。浊漳河有南、西、北三源，最大流量 7 000 立方米 / 秒，一般流量 30 立方米 / 秒，平均最小流量 13.02 立方米 / 秒，水源丰富，水量充足，可以满足林县引水的需要。如果能引来漳河水，林县就有救了。

1959 年 10 月 10 日，林县县委召开县委全体（扩大）会议，对引漳入林工程进行专门研究。与会同志一致认为，改造大自然，小手小脚不行，必须大干快干几年，在太行山上开凿一条“大运河”，把漳河水引入林县，彻底告别“水贵如油”的历史。会后林县县委又组织工程技

---

① 漳河有两个源头，一个是清漳河，一个是浊漳河，在河北省涉县合漳乡合二为一。红旗渠引的是浊漳河源头的水。

术人员，对引水点及渠线进行测量。

1959 年 11 月 6 日，林县县委正式向新乡地委、河南省委呈报《关于引漳入林工程施工的请示报告》。

1959 年 12 月 23 日，新乡专区水利建设指挥部发出《关于兴建引漳入林工程的通知》。

1960 年 1 月 16 日，林县人民委员会向新乡专署、河南省人民委员会呈报《关于兴建引漳入林工程请示报告》。

1960 年 1 月 27 日，河南省委书记处书记史向生、省委秘书长戴苏理，向山西省委第一书记陶鲁笳、书记处书记王谦致函，协商从山西省平顺县兴建引漳入林工程。

1960 年 2 月 3 日，山西省委书记处书记王谦、山西省副省长刘开基向河南省委书记处书记史向生、省委秘书长戴苏理复函，同意林县从平顺县侯壁断引浊漳河水入林县。

1960 年 2 月 6 日，河南省委书记处办公室给林县县委第一书记杨贵来函，山西省委、省人委已同意林县兴建引漳入林工程。

1960 年 2 月 7 日，林县县委召开引漳入林筹备会议。会议研究并通过引漳入林工程施工方案，成立了林县引漳入林总指挥部。

1960 年 2 月 10 日，林县县委、林县引漳入林总指挥部向全县人民发出《引漳入林动员令》。

1960 年 2 月 11 日，正是农历元宵节，引漳入林工程开工，数万林县儿女踏入莽莽太行山中，奔赴建渠工地。当时，谁也没想到，这一壮举会感动中国，震惊世界。

第二节　修建红旗渠的壮举

亿万年前，地球上发生了一次剧烈的造山运动，广阔的华北大平原提升了 1 000 多米，形成了群峰壁立的太行山。

1960 年 2 月 11 日是农历的元宵节，在中国传统的习俗中，这是一个阖家欢聚的日子。黎明时分，在太行山的峰回路转之间，一支浩浩荡荡的队伍，扛着简易的劳动工具，背着行李，用小推车推着炊具，顶着寒风，急匆匆地行进着。在队伍前面，会遇到什么样的艰难险阻呢?

那是一个崇尚英雄的年代。

那是一个生产力还很不发达的年代，没有任何现代化的施工机械，有的只是简易的工具。

那是一个饥渴的年代，刚刚步入 20 世纪 60 年代的中国，国家经济正面临着重重困难，全国人民都在勒紧裤带度灾荒……

在那高耸陡峭的山崖上，连立足之地都很难找到，真的能凿开一条通水之渠吗？林县人民在党的领导下，宁愿苦战不愿苦熬，宁愿流血不愿流泪，以“重新安排林县河山”的豪迈气概，聚集起勤劳智慧的能量，决心劈开太行山，引来漳河水。

1. 勒紧裤带修建总干渠

从渠首到分水岭，是引漳入林的总干渠段，长 70.6 千米，水流落差 10.32 米。为最大限度地扩大灌溉面积，总干渠采取平缓的坡降，平均每 8 000 米下降 1 米。这就意味着整个渠线始终要保持一定的高度在太行山腰穿过。工程在轰轰烈烈的气氛中展开了。沿着太行山腰 70.6 千米的渠线，几万人摆开了一条长蛇阵。炮声隆隆，锤声叮当，打破了亿万年山川的沉寂。然而，开工不久，工程就遇到了巨大挫折。

当时设想，过完春节就叮当上阵，7 天开辟好通往工地的漳河峡谷道路，元宵节上 10 万人，71 000 人挖渠，29 000 人搞后勤供应。谁也没想到才上了 37 000 人就上不动了：通往工地的路就四五米宽，一边是峭壁直立，一边是陡崖直下河底，物资供应车辆挤在中间，空车回不去，重车上不来，三挤两挤就把路堵死了。后方干着急上不了阵，前方干着急等不来人。有的工段民工到位了却找不到渠线，有的工段画好了渠线却没有人来开挖，有的连队打好了炮眼却等不来炸药，有的连队把渠底当作渠岸崩了。太行山就是大啊，战线太长，技术力量不足，无法统一指挥，群众找不到干部，技术员找不到施工地点，很多地段开的渠线产生了严重偏差。一个月过去了，太行山上只留下了一些坑坑窝窝，通水的日子看起来遥遥无期。很多人开始怀疑，林县这个小小的荷叶能包住引漳入林这个大粽子吗？远在山那边的漳河水真的能从空中流过来吗？

在工程生死存亡的关键时刻，林县县委敏锐地发现，当初的设想不适应现实情况，如果不敢正视问题，势必拖垮整个工程，必须当机立断，从成堆的问题中找出长远的、能够解决根本问题的办法。1960 年 3 月 6

日到 7 日，林县县委在漳河岸边的任村公社盘阳村连续召开了中共林县引漳入林委员会（扩大）会议，县委书记杨贵作《要多快好省地完成引漳入林任务》的报告。报告提出对总干渠采取集中力量打歼灭战，分段突击的方法，第一期先集中力量完成渠首至林县边界河口村一段，也就是山西省平顺境内的这一段；第二期工程完成林县境内这一段。为完成第一期工程，报告最后提议：把引漳入林工程正式命名为红旗渠。

恰如毛泽东所说："旗子立起了，大家才有所指望，才知所趋赴。"[①] 所有的民工陆续集中到山西境内的地段，所有的目光都投向这短短的 20 千米。这是关系到整个红旗渠命运的关键，同时也是整个总干渠路线当中地势最为险峻的一段。如果这一段能够胜利竣工通水，那么所有的疑虑都会烟消云散。

一个平常的地点一旦有了故事，就有了传奇色彩，山西省平顺县石城镇的侯壁断就是这样一个地方。漳河素有"九峡十八断"之说，侯壁断是其中之一，红旗渠源引水点就确定在这里。从此，侯壁断这个原本鲜为人知的小地方，也就跟着红旗渠为世人所知。

漳河水从侯壁断上猛跌下来，在峡谷中发出恐怖的咆哮声。如何才能让河水流上岸边的太行山呢？这是修建红旗渠至关重要的第一步，必须建一道拦河坝，拦腰斩断漳河，把水位提高到需要的高度，使河水沿着预定的引水线路流进引水涵洞。

我们从电视上看到过长江三峡和黄河小浪底的截流，大型机械设备林立，那个阵势壮观极了。当 500 多名林县任村公社的民工来到漳河侯壁断进行施工时，没有截流的机械设备，有的只是冰雪未消的早春给他们带来的天寒地冻。这些祖祖辈辈生活在山里的农民，连截流的概念都

① 中共中央文献研究室、中共湖南省委《毛泽东早期文稿》编辑组编：《毛泽东早期文稿》，长沙：湖南人民出版社，2008 年，第 498 页。

不知道，他们赤手空拳就能让千年的漳河改道吗？

看着漳河水滚滚流淌，他们不知从何下手。任村公社古城大队支书、工地民工营长董桃周在河两岸走了几个来回，又跟老匠人们商量了半天，最后商定先从两岸浅水处截起，再集中力量截断中间的龙口。

截流筑坝没有钢筋混凝土可用，只有用石头。太行山上有的是石头，但要到河两岸的高山上去开采。石头开采出来了，从山上往河床运石头又成了问题。山上原本没有路，只有民工们开采石头时踩出来的羊肠小道，盘旋十多个弯，又窄又陡。抬石头时，后边高，前边低，系石头的铁绳一下子就从杠子中间滑到了前边，重量都落到了前边的人的肩上，后边的人使不上劲儿，前边的人站不起身。看到这种情况，营长董桃周就让人们把两人抬的石头放到他肩上，带头背石头。就这样，民工们开始用肩膀扛石头。女民工也不示弱，跟男青年一样背石头，女青年范巧竹只一个月，鞋就穿破了4双，垫肩磨破了6副。能背动的石头都背走了，背不动的只好一步一挪地往下滚。像蚂蚁啃骨头一样，民工们终于备齐了筑坝用的全部石料。

经过一个多月的艰苦劳动，清一色的石头筑成的大石坝立在河床两侧，封堵十几米宽龙口的准备工作也已经完成，沙袋、草包、巨石像小山一样堆在岸旁，人们摩拳擦掌，准备与漳河作最后的决战。成败在此一举。

20多个流量的河水，原来分布在宽阔的河床里，看起来不算太大，如今被两岸的石坝挤在十几米宽的龙口里，像一匹奔腾的野马，水流湍急。300斤重的沙袋、草包，一触水面就被冲走了；扔下的巨石，转瞬即逝。民工们又把一批批几百斤、上千斤的大石块、大沙袋一起往下投，除了激起几朵浪花，不起任何作用。如果时间这样拖延下去，等到汛期山洪暴发，截流就根本没有可能了。

望着奔流的河水，营长董桃周突然一拍手想到了一个办法，就是在两岸打上桩，系上铁丝把沙袋拦住，从而把龙口堵起来。大家都认为这办法可行，马上干了起来。一根根木桩打下去了，一条条铁丝在两岸上拉起来了，一袋袋沙石投下去了。千百年来狂傲不羁的漳河突然要被人类降服，它似乎被激怒了，水势更加凶猛，狠劲地向铁丝绊住的沙袋冲击着。在一遍遍的冲击中，铁丝被冲弯了，木桩也扭动起来，最后木桩竟被连根拔起，伴着铁丝，瞬间消失在激流中。又一次尝试失败了。难道就这样算了？或者让有能力的民工队来干？大家实在不甘心。这时有人提议，在河道上打一排木桩把水堵住。试了一下，不行，因为河床都是石板底，打不下木桩。董桃周急得吃不下饭，睡不好觉，如果这引漳入林的第一仗打不赢，就会大大挫伤整个修渠民工的士气。如今，全线都在关注着这里，大伙心中都很着急。着急之际，大伙想出了一个最原始的办法：排人墙，用人挡水。

第一个跳下去的是任村连连长张立方，第二个跳下去的是民工营营长董桃周。男的跳下去了，女民工范巧竹也跳下去了。激流中人们手挽手排起了人墙。河水受到阻击，发疯似的浪头一个接一个劈头盖脑地扑打过来，几乎把人墙卷走。一道人墙不行，第二道人墙又排起来了，第三道又在水中出现了。初春的漳河峡谷，河水刺骨地凉，用血肉之躯抵挡着冰冷凶猛河水的民工们，嘴唇冻得由红变紫、由紫变白。总指挥部送来了仅有的两瓶土产白酒，让他们抵挡一下寒冷。两瓶白酒在三道人墙中传来传去，每人只有一小口。这一小口的热量刚下肚，就被寒流吸走了。人墙依然屹立着，暴躁的漳河在人墙面前一点点挣扎着、一点点退却着。岸上的人们争分夺秒地把一根根木桩打下去，把一包包沙袋、草包投下去，把一块块料石垒起来。经过数十个小时的连续奋战，龙口终于合龙了。1960 年 5 月 1 日，漳河水流进了红旗渠的引水涵洞。

但这仅仅是修建红旗渠的第一步，就在任村公社的截流英雄们大战渠首拦河建坝的时候，东岗公社的修渠民工登上了石子山。石子山山势

修渠民工在水流湍急的河床上构筑一道溢水坝，抬高水位，逼迫河水进入引水涵洞。枯水季节，河水可全部进入引水涵洞，汛期河水猛涨，多余的河水从坝顶溢出

险，石质松，总干渠从山腰穿过。渠线下是 30 米高的绝壁，渠线上是 150 米高的鹅卵石堆积层，风一吹，乱石滚动，无法立足。在这种地方，人要上去，手无可抓之物，脚踩上去，沙石就像泥石流一样直往下流。

按照施工设计，要在这里挖一个巨大的炮眼，炸平山头，一炮炸见渠底，打开前进道路。民工们腰系鸡蛋粗的绳索，在山腰抡锤打钎苦战挖炮眼，人在炮眼洞里站不稳、蹲不下，不时有拳头大的石头砸下来。就是这样，他们轮班苦战 10 个昼夜，打出了一个直径 3.5 米、纵深 18 米的大炮眼，填装 2 125 千克炸药、268 个雷管，崩倒了半架山。

炸崩后的石子山，沙石如雨后的山洪，整整往下倾泻了三天三夜，到第四天，仍是如此。为保证施工安全，防止乱石滚下砸人，民工们在 80 度的陡坡上开挖深沟，再上山割荆棘条，编成篱笆，在渠线上方设置篱笆墙，一排篱笆一条深沟，拦住滚石，挡住了流沙。为了加快工程进度，土法上马，民工们在山腰与河滩之间建成 300 多条空运线，沙筐、灰斗、石料往来穿梭、上下飞舞，施工进度逐日加快，红旗渠的修建继续向前延伸。

鸻鹉崖峭壁直立，红旗渠要从这里穿过，这就需要在鸻鹉崖上打出 39 个 20 多米深的大炮眼，分四层下切，把 200 米长、250 米高的鸻鹉崖从上向下直劈 80 米，劈出建大渠所需的平面来，才能砌渠墙，让渠水通过。

在上无寸物可攀、下无立足之地的悬崖上，修渠民工腰系绳索，抡锤打钎，凌空施工。经过连续爆破之后，山石松动，摇摇欲坠，危险会时刻降临到半山腰的施工队伍上。1960 年 6 月 12 日，鸻鹉崖发生重大伤亡事故，悬崖上一块巨石突然坍塌，从施工人群中滚下山去，当场造成 9 死 3 伤，一种异常阴郁的气氛笼罩着施工队伍。如果要继续施工，必须想办法除掉山崖上松动的石头。然而，一块块巨石悬在直上直下的峭壁上，除非长了翅膀，普通人又如何上得去呢？在修建红旗渠的人群当中，一支专门负责除险的队伍组成了。共产党员任羊成担任除险队长。除险队员们把绳子的一端固定在悬崖顶部，然后用钢钎组成坚固的三角套桩，绳子经由套桩缓冲后，另一端牢牢系在除险人的腰间。每三名队员为一个除险小组，一人下崖除险，另外两人时刻在峰顶看护绳子，保证绳子的下放及安全。对除险人员来说，这项工作没有任何的经验可以参照，除险者不但需要具备熟练的攀登技术，更需要有过人的勇气和胆量。

山谷内山风呼啸，除险者就像随风飘动的风筝，在半空中团团旋转，绳子随时都有可能被山石绞断，除险人随时可能跌入万丈深渊。而且，一旦身体在空中失去控制，肉体与崖壁相撞，就会粉身碎骨。除险者借助绳子的摆动接近石壁，在与石壁接触的瞬间，既稳又准地除掉险石。

当我们坐在剧场里观看马戏团表演空中飞人时，常常会被表演者的高超技艺和惊险动作惊得尖叫。但这种在灯火辉煌的表演场里的表演与红旗渠上在壁立千仞的悬崖间的凌空除险比起来，显然红旗渠工地上原生态的空中飞人更惊险、更震撼。然而，在参观者看来，他们的感觉仅仅是好奇，对当年那种生死攸关的心情，已经很少人能体会到了。

除险队员腰缠绳索从悬崖顶部下降到相应的高度，在高空中荡进荡出，除去险石，保证下方施工人员的安全。这种像飞鸟一样的空中除险，被称为“凌空除险”。这成为艰苦卓绝修建红旗渠的象征

1960 年 9 月，红旗渠通过鸻鹉崖。1960 年 10 月 1 日，红旗渠总干渠山西省境内工程竣工通水，红旗渠水流进了林县边境。这是人类第一次从太行山的悬崖陡壁上开劈出的一条宽 8 米、深 4.3 米、流量 25 立方米 / 秒的人工河流。修建这条 20 千米长的人工河流，斩断了 45 道山崖，搬掉了 13 座山头，填平了 58 道沟壑，闯过了狼脸崖、老虎嘴、太岁峰、红石崭、石子山、风沙崭、鸻鹉崖等天险，钻透 7 个山洞，建成大小水工建筑物 45 座。

漳河水破天荒地流到林县边境，远水可以解近渴，人们心中不再有所怀疑，那个通水的梦越来越近了，但是前面距分水岭还有漫长的 50 千米。

在最困难的时刻，林县人民开始了凿通青年洞的艰巨工程。青年洞要从名叫“小鬼脸”的峭壁上开凿。“小鬼脸”地势险要，整个山壁呈弓字形，616 米的洞并非一条直线，一旦出现偏差，将来渠水就不能顺利通过，整个工程也会前功尽弃。工程在一寸寸向大山腹地挺进，但是越往里钻，石质越坚硬。这里属于石英砂岩地质，其硬度高于一般铁制工具。一锤砸下去，往往只能留下一个白点，借来的唯一的一部风钻机，只钻了 30 厘米，就毁掉了 40 多个钻头。实在消耗不起，一切只能靠人力一锤一钎地苦苦支撑，工程举步维艰，每天的进度徘徊在 0.3 米到 0.4 米，而整个青年洞全长 616 米，这样算下去，别说修成红旗渠，就是凿通青年洞也要 6 年时间。

这时的中国，全国性的自然灾害日渐加剧，国民经济进入极度困难时期。1960 年 11 月，中央下达关于困难时期进行百日休整的文件，许多正在建设中的大型工程必须马上下马，待国家经济形势好转后再上马。红旗渠总干渠已经修了一半，难道就此半途而废吗？

坎坷连接着曲折，林县县委又一次面临艰难的抉择。如果机械地执行上级指示，工程停工，自己不用担任何政治风险；如果全部下马，等以后形势好转了再来打这个洞，那花费的时间更长了。可是林县人民盼水心切啊！为了能让漳河水早日流进干渴的土地，林县县委实事求是地作出了决策，300 名经过挑选的青年民工留在青年洞工地，担负起凿通青年洞的重任，其余民工下山回家开展生产自救。

为了加快工程进度，实行了新的施工方案。在青年洞外侧的绝壁上开凿了 5 个旁洞，这样整个青年洞被分割成 6 段，每段的走向已经接近直线，原来因为青年洞的弯曲造成的施工难度也降低了，而且每个旁洞又可以双向施工，这样同一时刻就有 12 个工作面同时开工，大大提高了施工效率。距青年洞开工时间一年零五个月后的 1961 年 7 月 15 日，青年洞凿通了。

红旗渠在一寸寸向前延伸，前面还有多少高山挡路，红旗渠还要多久才能完全通水，没有人再去考虑这些，萦绕在人们脑际的是这样一个简单的想法：只要这样不停地挖下去、不停地凿下去，漳河水总有一天会流过来的。

1965 年 4 月 5 日，红旗渠总干渠通水典礼在总干渠末端的分水岭举行。总干渠分水闸前，红旗招展，人潮涌动，两万人齐集，共贺总干渠通水

1965年4月5日，正是农历清明节，红旗渠总干渠在这一天通水了。对于当时55万林县人民来说，引漳河水入林县的愿望终于变成了现实，那个关于水的梦已不再遥远。

2. 水逼人奋进，三条干渠一年竣工

总干渠通水了，但干渠还没有修。总干渠引来的漳河水，除灌溉17.8万亩土地外，剩下的被白白放掉。此时林县又遇大旱，从1965年4月到10月，190余天未下雨。渠水浇到之处，一片葱绿景象，渠水未到之处，禾苗干枯，有水无水两重天。现实向决策者提出要求，林县县委不松动，不停步，再出发，带领全县群众投入三条干渠的建设。1965年9月，三条干渠工程的建设全面展开。7万多人在三条干渠要通过的山山岭岭拉开战线，红旗招展，炮声隆隆，锤钎铿锵，一派千军万马战太行的壮丽图景。

红旗渠第一干渠翻山越岭修到了桃园河边。电影《红旗渠》在放映到桃园渡槽的修建时，解说员用高亢的声音这样讲述道："在刚建桥的时候，有人说，我在书本上都没有见过这样的桥。社员们自豪地说，咱们把桥建成后，写到书里去，书本上就有了。"在我们今天看来，这种解说词无疑深深地烙上了那个时代的特征，但也确实反映了林县人民的一种志气。桃园河是一条季节性河流，虽然只有百把米宽，但岸陡谷深，每到汛期，洪水奔腾咆哮，卧牛一样大的石头也被冲得逐浪翻滚。根据测量，渡槽高24米，足有8层楼那么高，是红旗渠工程中最高的渡槽。正当设计人员在这里反复琢磨时，当地老百姓说："这条河又深又陡，平时过河要绕好几里路，到了汛期根本不能通行，闹得两岸自古不结亲，隔河不种地。这次建渡槽，要是通了渠水也能走车走人，那就太好了。"设计人员都感到老百姓的话有道理，可是怎样才能办到呢？这时路过的

一位老人听了设计人员的议论，说道：“小水沟上放一根石条，就能经住人走车轧，在渡槽上加个盖儿，搞个空心桥，不就既通水又通车了吗？”老人的话使大家深受启发，是啊，武汉长江大桥是既通火车又通汽车，咱们这个渡槽就不能既通水又通车吗？大家的思路一下子打开了，把渡槽与渡桥合二为一，进行设计。

这样的设计好倒是好，可是渠水带来的泥沙问题又使大家为难了。红旗渠水是从黄土高原上流过来的，渠水挟带着大量泥沙，汛期更甚。如果听任泥沙淤积，天长日久，势必把渠道堵塞。明渠上清淤并不是什么难事，现在要把渡槽变渡桥，明渠变成暗渠，清淤就成了大问题。希望连着失望，又如何在这失望中寻找新的希望呢？

时间一天天地在设计人员的冥思苦想中度过。有一天，突然有人说，不管是自然河流，还是人工渠道，凡是水流湍急的地方都没有泥沙沉积现象，这说明什么？大伙的兴趣一下提起来，立即进行了试验，发现水的流速越大，水中挟带的泥沙越不容易沉积。如果把渡槽的落差加大，提高水的流速，使泥沙无法沉积，不就把问题解决了吗？就这样，泥沙淤积的问题顺利解决了。

真是才过九曲桥，又逢盘陀路。泥沙问题解决了，桥墩的承受力问题又暴露出来了。渡槽与渡桥合二为一，必然加大对桥墩的压力。这件事看起来并不难，只要把桥墩砌得粗大些就行了。但是，平常看起来很简单的问题，在这里却行不通。桥墩不仅要承受渡桥的压力，还要受到洪水的冲击。从承压能力方面说，桥墩越粗大，承压能力越强。而从洪水的冲击力看，桥墩越粗大，反受的冲击力越大。加粗加大桥墩，影响了洪水的排泄通畅，对桥墩的冲击力增强，反而加大了桥墩的风险。这样一来，桥墩既要受纵向的承压力，又要抵抗横向的冲击力，哪一个都不能削弱，怎样解决这个矛盾？设计人员通过反复考虑，找到了一种解决这个两难问题的办法，变桥墩的迎水面为迎水线，就是把桥墩迎水面的椭圆形建成三角形，在不减少桥墩承压力的同时，大大减小了洪水对桥墩的冲击力。

毛泽东在谈到长征时，说过一句意味深长的话："顺利少于困难不知有多少倍。"[①]这句话用在桃园渡桥的修建上也很贴切。设计中的问题一个一个解决了，施工中的难题又一个一个地出现了。建设这样一座长 100 米、宽 6 米、最大高 24 米、由 7 个桥孔组成的大渡桥，大量的工作是砌桥墩、拱桥券。按常规，施工的办法是用大量的木料搭脚手架和拱架，这样至少需要上好木料 3 000 根，可这时红旗渠全线都在施工，到处都需要木料，总指挥部只能提供 1 000 根，必须想个节省木料的好办法。林县人民从长期的劳动实践中受到了启示。民工们想到了自己家盖房子，咱成辈子盖房，谁用过脚手架？都是蹲在墙上头垒墙，为啥咱就不能蹲在桥墩上垒砌？有位老石匠说："在总干渠上，咱们在悬崖峭壁上砌四五米高的渠墙，不也没有搭过脚手架吗？还不都是蹲在渠墙上垒？垒桥墩也不用搭架了，省了时间还省木料。"大家纷纷出主意想办法，最终采取了不搭脚手架的方案，给在高处砌桥墩的民工系上安全绳，既保证了施工人员的安全，又使工程能够正常进行。

搭脚手架的木料省下来了，但架拱券仍需要搭拱架。按惯例，搭拱架需要从地面开始。渡桥高，孔眼大，而且承受力又大，要经得起几十吨的重压，这需要多少木料？把这种不可能变为可能，只能靠发挥人的聪明才智来解决了。经过多次测算，在桥墩 20 米处起拱架，把一根横木架在两个桥墩上，就可以节省地面至起架处的木料。可是待到起架时，又出现了一个问题：两个桥墩相距 8 米，这样长的木料根本没有，无法搭架。大梁不够长，怎样才能让它"长"起来呢？农民技术员路银想了个土办法，在两个桥墩上砌上几对又厚又长的石条，从桥墩向外伸出 0.6

---

① 中共中央文献研究室编：《毛泽东诗词集》，北京：中央文献出版社，1996 年，第 53 页。

米，两个桥墩就相对拉近了1米多，把大梁正好放在上面，大梁不就“长”了1米多吗？这样，桥墩就像巨人伸出的大“手”，稳稳地架住了大梁，既不影响起架，也不影响桥墩的垒砌。自1965年9月25日开工到1966年4月1日竣工，这个上面走汽车、中间走渠水、下面走洪水的三用渡槽建成了。人们把这种架桥法称为“简易拱架法”，还真的写到了书本上。

第二干渠上夺丰渡槽长413米、高14米、宽4米，有50孔拱桥，单孔跨5米，是红旗渠上最长的一座渡槽。在施工中，既没有机械化设备，也没有钢筋、水泥等建筑材料。没有现代化建筑材料就用石头代替，没有现代化运输工具就车拉肩扛。为了百年大计，把渡槽建成精品工程，建造者精心选择石料，舍近求远，每天出动牲口750头、畜力车600多辆，从2.5千米外拉来石料，就连孩子们放学回家，都自动扛一块石料送到架桥工地上，用了一个月的时间才把料备齐。工程大，需要雕琢的石料多，质量要求严格，就采用师傅带徒的办法，老手带新手，一人带多人，先由老石匠雕琢出样板，新手照着学，解决了建渡槽的料石难题。

3 100名民工苦干125天，于1966年4月5日建成渡槽。建成后的夺丰渡槽犹如长河当空、彩练飞舞，威武雄踞，显示出林县人民的高超建筑技艺和改造自然的鬼斧神工。

1964年11月17日，第三干渠上的咽喉工程曙光洞动工了。这条全长4千米的过水隧洞是整个红旗渠工程中最长的隧洞。为加快工程进度，让红旗渠水早日流到村前，修渠民工创造了竖井分段作业法，同时打34个竖井，从每个竖井里向两头凿平洞，由原来的2个工作面扩大为70个工作面，加快了整个隧洞的进度。但是这么长的洞，在坚硬的岩石背后，隐藏着断层、流沙层，还有裂隙渗水，这种复杂的地质结构随时都有可能引起塌方。经过1年零4个月的奋战，1966年4月5日，曙光洞终于凿通。

1966 年 4 月，红旗渠三条干渠全部竣工，水浇地面积达 30 余万亩。三条干渠如三条蓝色的飘带，北来南往、西去东出地盘绕在山地、丘陵间。

3. 全面构建红旗渠灌网

在缺水、盼水的林县人眼里，红旗渠日夜流淌的是一渠粮、一渠油、一渠欢喜泪、一渠丰收酒、一渠哺育生命的乳汁……林县人时刻在盘算着如何最大限度地利用红旗渠水，让红旗渠发挥最大效益。总干渠修成了，三条干渠也修成了，但这些都是“干”，还缺少“枝”，缺少毛细血管，还没有形成网，因此，还要乘胜前进。

1966 年 7 月—8 月，红旗渠支渠配套工程全面展开。整个红旗渠配套工程以方便群众生活生产、搞好综合利用、做好节约用水为指导思想，山、水、田、林、路统筹安排，农、工、电、牧、副、渔综合规划，引、蓄、提并举，渠、库、池科学布局，提出了以配套为中心、综合利用、“一渠十带”的施工方案。“一渠十带”就是通过修渠，带动水电站、加工站的建设；带动蓄水设施建设；带动道路建设；带动大面积绿化；带动经济作物的种植和畜牧养殖业发展；带动平整土地，方便浇水；带动深翻土地，保水保墒；带动提灌站建设，使渠线以上的土地得到灌溉；带动挖掘地下水资源；带动群众养成良好卫生习惯，改善村容村貌。林县人民要通过红旗渠的建设构建以人为本、和谐发展的美好生活。

经过修建红旗渠干渠锻炼的林县人民，治山治水的胆识和技能有了根本的提升，以前需要全县统筹修建的重大工程，此时，一个公社就能承担；以前公社一级统一修建的水工建筑物，此时，几个村就能拿下来。东岗公社自己设计、自筹物料、自己施工的红旗渠第三干渠第三支渠上的曙光渡槽，最高 16 米、全长 550 米、底宽 5.4 米，仅用两个月就修成了。

东岗公社北角村的群众，为了把山前第三干渠里的水引到山后的村里，独自承担了打通长 1 050 米的“在险峰”隧洞。韩用娣与姐妹们组成女青年突击队，她们抡锤打钎，一点儿也不输给男同志。由于洞深，放炮后浓烟不能尽快排出，为了加快工程进度，韩用娣与姑娘们冒着随时都会被熏倒，甚至窒息的生命危险，进洞赶烟。

姚村公社水磨山村 1 000 多口人，1 500 亩耕地，因缺水，粮食产量低，群众生活困难。为把红旗渠第一干渠的水引过来，就要在村南山上开凿隧洞。19 岁的女青年郭秋英带领一支姑娘队坚持与男青年们轮班作业，从抡锤打钎到装药放炮，战胜种种困难，苦战一年，凿通了长 400 米的“换新天”隧洞。

从 1968 年 10 月到 1969 年 7 月，林县人民斩断 1 004 座山头，跨越 850 条沟壑，修建 90 多座渡槽，凿通 70 多个隧洞，基本完成了红旗渠支渠配套工程。

石工构筑的红旗渠环崖成带，绕行在太行山腰。群峰壁立，峰峦迭起，自然之景与人工胜迹在这里呈现完美景象

1969 年 7 月 6 日，林县召开庆祝红旗渠全面竣工大会，宣告历经 10 年的“引水之战”胜利结束。1969 年 7 月 9 日，《人民日报》发表通讯《林县人民十年艰苦奋斗，红旗渠工程已全部建成》，并配发社论《独立自主，自力更生方针的一曲凯歌》，对红旗渠的成功修建给予了热情赞扬和高度评价。

奇迹是在对逆境的征服中出现的，梦想是在不懈追求的努力中实现的。从 1960 年 2 月到 1969 年 7 月，林县人民修建渠道 10 年，30 万人参与，81 人牺牲。林县人民完全凭着一锤一钎一双手，削平 1 250 座山头，凿通 211 个隧洞，架设 151 座渡槽，在太行山的悬崖峭壁上修成了全长 1 500 千米的红旗渠。有人作过计算，如果把修建红旗渠挖砌的土石方修成高 2 米、宽 3 米的墙，可从林县北到冰城哈尔滨，南至花城广州。血汗洗山河，筑就长渠润一方。

第三节　红旗渠带来的深刻变化

总干渠、干渠、支渠、斗渠、农渠、毛渠形成红旗渠系统的灌溉网络，再加上沿渠“长藤结瓜”式的中小型水库、库塘以及水电站和提水站，使得红旗渠成为“引、蓄、提、灌、排、电、景”功能齐全、配套完整的大型灌溉体系。

红旗渠引来幸福水，清凌凌的渠水流进了干旱的土地，滋润着枯黄的禾苗。渠通财通，红旗渠无疑为林县的发展增添了强大的引擎，拓宽了发展路径和空间。

1. 人民群众切实得到了实惠

红旗渠独特的无调节河道自流引水，形成了罕见的渠道引水枢纽，它的通水，使全县 50 多万人口吃水有了可靠保障。伴着红旗渠水汩汩流淌，渠水所到之处的地下水得到补充，很多村庄以前打井不见水，现在打机井打出了水，大多数村庄吃上了自来水。过去翻山越岭去挑水，今朝红旗渠从家门前过。

水利是农业的命脉。红旗渠水使粮食增产得到保障，农业生产条件发生了变化。54 万亩良田得以灌溉，粮食产量逐年提高。红旗渠通水前粮食亩产只有几十千克，通水后亩产达到 400 多千克。更令人惊喜的是，林县土地上开始种植水稻。过去大多数林县人一辈子都不可能吃上一顿大米饭，而今自己种上了水稻，能吃上大米饭了，那是一种什么样的心情？红旗渠使人们的食物结构和饮食方式发生了明显变化，“糠菜半年粮”的时代一去不复返了。

2. 解放和发展了生产力

在生存条件得到改变的同时，林县的发展条件也得到根本改变。有了红旗渠水，林县发展的一切因素都被激活了。

有了红旗渠水，林县的种植业结构发生了变化。种粮由过去以耐旱的秋作物为主，转变为夏秋并重，夏季以种植小麦作物为主；由过去种植单一的粮食作物，逐步新增种植黄花菜、药材、油菜等经济作物，农业效益不断得到提升。

有了红旗渠水，林业得到大发展。1 500 千米长渠沿线栽上了树，成为 1 500 千米葱绿的林带。城乡道路两旁大植行道树，成为连接城乡的绿色通道。千年的荒山披上了绿装，万年的荒滩变成了果园，生态林、经济林同步发展，大地林网化，山区造梯田，形成了“松柏林盖（山）顶、经济林缠（山）腰、用材林铺（山）底”的林茂粮丰的立体绿化景观。花椒、核桃、柿子、山楂、板栗等经济林的大面积种植，为林县人民创造了新的财富，被命名为“全国经济林名、优、特商品生产基地”。全县森林覆盖率达到 40%。林业的发展增加了群众收入，林县的生态环境也得到了根本改善。

有了红旗渠水，畜牧养殖业有了发展的条件。林县人民利用大量的水库、池塘，在太行山上养鱼、养鸭、养鹅，从此水产品也摆上了林县人的餐桌。奶牛场、养猪场、养兔场、养鸡场、养羊场等大型养殖场和养殖基地建了起来，林县的农业产业结构不断优化发展。

有了红旗渠水，林县小水电得到大发展。利用水力资源，县、乡、村建起 40 多座水力发电站。小水电的发展，为林县的工农业发展提供了动力，使 400 多个电灌站和机井群有了动力。粮食加工告别了传统的碾子和磨盘，电灯代替油灯，照亮了古老山村的夜晚，也使林县人民看到了前途的光明。

有了红旗渠水，林县的工业发展有了活力。除了为支援红旗渠工程建设而兴建的水泥厂、机械修配厂、小煤矿外，又建起了化肥厂、小拖拉机厂、粮食加工厂，各乡镇也都建起了农机修造厂。这些小企业的兴建，为全县的工业化发展奠定了基础。

3. 促进了社会事业发展

有了红旗渠，交通、邮电事业也得到发展。红旗渠修到哪里，道路就通到哪里，邮电就跟到哪里。红旗渠修成后，又利用修渠的弃渣修建乡村道路。随着红旗渠走向全国，参观红旗渠的沿线道路加以拓宽并铺成渣油路面，这在 20 世纪 70 年代初的中国县级行政区的道路建设上，是一项极大的成就。邮电线路也随着红旗渠工程的延伸而延伸，随着红旗渠的竣工而逐步完善。

4. 锻炼和培养了人才

通过修建红旗渠，林县人民增长了胆略和才智，大批技术人才被培养出来。改革开放后，10 万大军出太行，如今创造了“林州工匠”一大品牌。建设红旗渠是一次思想大解放，也是一次生产力大解放。通过修建红旗渠，干部群众的眼界更宽了，胆子更大了，在后来向新的生产领域进军中，不管遇到多么大的困难，他们都会说，红旗渠在那么大困难的情况下都修成了，还有什么困难不能克服呢？

5. 带动了林县的对外开放

红旗渠的建成使林县山门洞开，由封闭落后地区变为对外开放的典型地区。1971 年，国务院下发文件，批准林县为全国对外开放单位。从 1971 年到 1980 年，有 119 个国家和地区的外宾、海外侨胞以及港、澳同胞来林县参观红旗渠。可以说，红旗渠的建设是林县对外开放和发展旅游的发端。

回望过去，凝聚着林县人民心血的红旗渠，彻底改变了林县的历史面貌，改变了林县人民的命运。林县，这个在中华大地上原本极为平常的一个地方，从此迈开了走向全国、走向世界的坚定步伐。

6. 培育了红旗渠精神

伟大的民族具有伟大的梦想，伟大的梦想引领伟大的事业，伟大的事业培育伟大的精神。水是林县人民世世代代的一个梦想，有梦想就有期待，就有机会，就有动力，就有奋斗。正是在这个梦想的激励下，林县的每一位普普通通的劳动者，在修渠工地上十年来持续不断地克服了许

高崖伟岸，太行行水，险者愈险，雄者愈雄。行走在渠岸上，抬头是望不到顶的丹崖翠壁，俯首是看不到底的万丈深渊，置身其中更能感受人工天河的豪迈

许多多难以想象的、人们认为不可能克服的困难，缔造了红旗渠这样伟大的水利工程，圆了林县人民水之梦。在圆梦过程中，林县人民埋头苦干、胼手胝足，表现出了挑战自我的凌云壮志，展示出了强烈的团队精神和群体意识，诠释了崇高的奉献情怀。十年的功力和汗水、十年的艰辛与智慧、十年的心血和砥砺、十年的逐梦与收获孕育和形成了伟大的红旗渠精神。这种精神映照着党的领导、人民当家做主、社会主义制度优越性的有机统一，凝聚着坚定的信念、燃烧的激情、开拓的意志，是优秀民族精神与当代改革开放意识相结合的典范。这条人工天河不仅可以作为文物，更可以作为一种可以感知的精神，郑重地交给后人。

红旗渠承载梦想，改变生活，昭示未来。

第二章

笃行致远传精神

红旗渠是发生在中国的当代传奇，是发生在祖国大地上的中国人的壮举，其奋斗之声传遍神州，其震撼之效绵延至今，其精神之光历久弥新。今天，距离红旗渠的建设已近60年了，每个走近红旗渠的人无不为其壮观所折服。虽然太行山今日的灿若云锦淹没了昔日的开山炮火，但走在渠上，仿佛还能听到当年建造者劳动的号声，感受到开渠人炸山的震撼。看着这一恢宏的工程，每一个来到这里的人都会多一份感慨。如此浩大的工程，在20世纪60年代既无大型施工设备，又无充足资金，仅靠着各公社的农户是如何建造的？十万人上太行，历经十年修渠，这个群体是如何被组织起来的？人们自然而然地要去探求隐藏在其中的精神实质。在最困难的时期孕育，在血与火的洗礼中铸就，在改革开放中光大，在民族优秀文化沃土上创新，又在社会主义市场经济的发展进程中得以升华的红旗渠精神，是我们战胜中国特色社会主义新时代所面临的众多风险和困难的精神动力，是激励我们不忘初心、牢记使命的精神动力。

第一节　红旗渠精神的内涵

红旗渠精神的内涵“自力更生、艰苦创业、团结协作、无私奉献”最集中、最突出地体现了林县人民在红旗渠修建过程中展现出的优秀品质，构成了红旗渠精神的基本内容。

1. 立足本地条件、依靠自身力量的自力更生精神

路是闯出来的，也是逼出来的，一逼一闯，一条战胜苦旱的道路就在林县闯出来了。1959 年 11 月 6 日，林县县委向新乡地委、省委请示兴建引漳入林工程。1959 年 12 月 23 日，新乡专区水利建设指挥部批复：“经研究同意你县兴建，并根据你县财力、物力、人力分期进行，如力量不足，确有困难，不好克服，应量力而行。”[①] 上级对修渠明确指示，

① 红旗渠志编纂委员会编：《红旗渠志》，北京：生活 · 读书 · 新知三联书店，1995 年，第 28 页。

同意修，但要自己想办法解决。是等、靠、要，还是依靠自己组织的力量建设红旗渠？

1960 年，新中国面临的国际国内形势非常严峻。面对国际、国内现实，党和政府不得不通过政策的调整，减少大规模水利工程修建项目，让更多的劳力从工地上回到农田中，休养生息，以渡过困难时期。在这种情况下，要依靠国家支援，显然是不可能的。作为革命老区，林县党组织和人民在战争年代作出了巨大牺牲，在他们身上体现的不只是吃大苦、耐大劳、勇于牺牲的品质，是即使在国家面临巨大困难的情况下，他们不是消极等待、怨天尤人，也不是向国家伸手，而是为党分忧、为国解难，勒紧裤腰带去履行国家主人的职责。为了从根本上解决林县缺水问题，林县人民决心依靠自己的力量修一条引水大渠，调境外水济林。修建这样一个浩大的工程，在当时没有任何现代化施工工具的情况下，仅靠人的两只手能完成吗？当时全县水利技术人员加上测量员，不过 20 多人，技术水平最高的也不过是中等技术学校的毕业生，更困难的是测量仪器短缺，全县只有 2 台水平仪、1 台经纬仪，在地势险峻、地形复杂的太行山上，他们能完成这一庞大的水利工程的施工设计任务吗？修渠所必需的粮食、资金、工具等都十分短缺，对这项工程的修建，不少人持怀疑态度，就是在我们今天看来，这也是一项十分艰巨的工程。此时此刻，真正要实施一项巨大的引水工程，事情远没有想象的那么简单，面临着许许多多已知和未知的困难，林县能挑起这副沉甸甸的担子吗？

历史是一条奔腾不息的长河，给予林县的机会极其有限。丧失机会，就是丧失未来。林县县委洞悉变化的走向，把握林县发展大势，站在彻底改变林县落后面貌让全县人民过上有尊严的生活这个高度，在引漳入林工程中，选择了自力更生，要在自力更生的基础上尽量争取国家支持。各公社按渠道可灌溉面积投工，实行包工定额；工具由民工自带，个人没有的生产队自备；民工口粮自带，不足部分由集体储备粮补足，蔬菜由生产队统一送到工地；工具修理由各公社负责，建立工具修理点。只要依靠群众，很多困难都是可以解决的。

自力更生是生存所逼、形势所迫下的无奈选择，也是一种积极进取的主动选择，没有与之相适应的内化在人们心中的理想信念，就不会走自力更生的道路。选择自力更生便选择了使命，就要弯腰拔穷根，绝地再逢生。3.7 万名修渠大军从全县 15 个公社的各个山庄窝铺同时出发，在大军前进道路的山崖上，书写着醒目的大字标语："重新安排林县河山"。林县最北部的任村中学师生沿途设立了茶水站、宣传站。采桑公社爆破突击队女队员郝改秀从孩子们手里接过水，坚定地说："今天喝你一碗水，来日还你一条河。"在后来修渠的日子里，郝改秀创造了双手扶双钎、供四人打锤的"凤凰双展翅"式扶钎法，被摄影记者拍摄下来，成为经典。

采桑公社南采桑民工连女连长郝改秀带领宋腊英、郭爱英、郭书英、郭松珍、宋春英、郭菊艳、郭梦芝等 12 姐妹战斗班，与男民工一道抡锤打钎，并练就了一人扶双钎、拱四人打锤的技巧，被称作"凤凰双展翅"

修渠大军沿着山间小道上到了渠线上，可是数万人每天所需的粮菜、施工所需的物料难以送达，从林县北部到山西省境内渠首的30多千米全是羊肠小道，不要说走汽车，有些地方仅能容单人走过。一边是高山挡道，一边是漳河拦路，修渠先修路。民工们就地支锅，沿路宿营，苦战七天七夜，从任村到渠首，沿漳河在陡峻的山崖上劈开了一条70多千米长的简易公路，在漳河上架起了一座简易木桥，及时保证了修渠物资的供应。

现在的人们无论如何也想象不到，几万人一下子拥到修渠工地上，一夜之间人们是如何解决住宿问题的。尽管平顺县沿渠社队的群众发扬友爱精神，腾出了两百多间房子，但也只能住下千人左右。电视连续剧《难忘岁月——红旗渠的故事》中有这样一组镜头：在前往修渠工地的路上，一个民工问带队的公社干部晚上住哪里，公社干部说已经找好地方了，咱们今晚就住“清凉宫”。民工又问这是个庙呀还是个道观，公社干部说，只管走吧，到时候就知道了。当天晚上，他们来到了一个山崖下，在一个比较平坦的石板上，公社干部对大家说“清凉宫”到了，就在这里住吧，这儿刮着山风，看着月亮，太行山为咱站着岗，漳河给咱弹着曲儿，这不就是神仙住的地方吗？民工们就在漳河边的这块石板上度过了修渠的第一夜。

就这样，修渠民工自己动手，想尽各种办法解决住的问题。不论是干部还是民工，住在山崖下、石缝中，有的垒石庵，有的挖窑洞，有的搭席棚，有的露天打铺，睡在没有房顶、没有床，更没有火的石板上。黑夜里一睁眼就是满天星斗作伴，冷风直钻被褥。更为可怕的是，他们栖身的山崖、石缝这些地方很窄，一翻身很可能掉到山崖下。住在席棚里的民工最怕刮风天，有一夜刮大风，刮得人满脸是土，大风把席棚掀起了半边，大家连忙起来把席顶用绳绊住，下面捆上石头，才算勉强熬过去。

从那个时代过来的人，对饥饿有着刻骨铭心的记忆。林县人民是在粮食短缺、吃不饱肚子的情况下修建红旗渠这个工程的。民工们的口粮、蔬菜由生产队统一送到工地上。为了让工地上的人多吃点，家里的人吃稀的，省下粮食送到修渠工地上。小店公社七泉村干部群众，要到工地去慰问民工，全村人一星期在食堂中只吃点稀饭，省下红薯干送到工地，每个民工分到一碗煮熟的红薯干，大家高兴得不得了。工地上吃饭是按人分饭，一人一份，当时很多家庭老少几口都上了红旗渠工地。一家人当中，女人省下点，让给干重活的男人吃，老人们省下点，让给年轻人吃。修渠人就是这样抱团取暖，摄取最少的热量，释放出最大的能量。由于粮食不够吃，民工们就上山挖野菜，野菜吃光了就吃树叶，树叶吃光了就下漳河捞河草吃。

为修红旗渠，林县人民没有工具自己带。由于工程浩大，又是与石头打交道，民工们自带的简陋的工具经不起艰巨工程的消耗。抬筐破了民工们自己修补，用坏的破筐子还要用水泡一泡，把能用的长荆条抽下来用于编新筐，真正不能用了当柴烧石灰。用后的炸药箱，还要制作车箱、木桶、灰斗等各种用具，实在不能用了，还要当柴烧石灰。没有风钻，没有挖掘机，修渠群众就挥动十八磅大锤，一锤一锤地把钢钎打进坚硬的石岩；没有切割机，就用钢錾一下又一下地把块石锻造成料石。钢钎磨短了，当錾用，錾磨短了，就当铁楔用；锨把断了，当大锤把用，大锤把断了，当小锤把用，小锤把不能用了，当镢楔用，再不能用了，烧火做饭用。这么大的工程，开山放炮需要大量的炸药，国家供给的炸药数量有限，自己又没有钱买，于是县里把战争年代的一些老游击队员、在八路军军工厂工作过的老军工和做过鞭炮火药的人找来，各村把分配给自己的硝酸铵化肥送到工地，掺上食盐，在碾子上碾制土炸药。就是这种炸药，也要省着用，在放大炮时，装一些炸药，剩下的用锯末、粉煤灰或干粪填满。没钱买水泥，就自己烧制，但自己制的量小，不够用，就

没有修渠工具，就从民工中挑选铁匠、木匠，就地支起铁匠炉，自己修制工具

没有抬筐，民工们就上山采割荆条，自编抬筐，满足修渠需要

开山修渠所需的大量炸药靠自制

没有运输石料和运送渣土的汽车，民工们就在荒野建起木工铺，自制小推车

用石灰来代替，这就需要大量的石灰。传统的石灰烧制方法一窑只能烧二三十吨，产量小，成本高。在这种情况下，民工们就发明了“明窑堆石烧灰法”。“明窑堆石烧灰法”就是平地起灶，一层原料一层燃料堆起来，每次可烧几百吨，甚至上千吨，红旗渠施工中最多一次曾烧 2 000 吨，用煤量也比过去节省了。民工范金库在修渠工地上烧了十年石灰，经他烧的石灰足有一座小山那么多。

将植物转化为热量，将自然物为我所用，以燃烧的激情融化太行山坚硬的岩石。从 1960 年 2 月总干渠动工到 1966 年三条干渠建成，林县人民共用水泥 6 705 吨，自制水泥 5 170 吨；共用炸药 2 740 吨，自制炸药 1 215 吨；共用石灰 14.5 万吨，全由工地民工自己烧制。依靠群众自力更生的结果，就是大大发挥了人力、物力、财力资源的潜力。从 1960 年 2 月红旗渠总干渠动工到 1969 年 7 月支渠配套工程全面竣工，整个红旗渠工程总投资 6 865.64 万元，其中国家投资 1 025.98 万元，占工程总投资额的 14.94%；县、社、队共筹资金 5 839.66 万元，占工程总投资额的 85.06%（其中含投工折资每工日 1 元）。要改变自己的生存和发展条件，必须立足于自力更生，就像《国际歌》中唱的那样：要创造人类的幸福，全靠我们自己。

没有路就用自己的双脚踏出一条路，没有家底就靠自己的双手白手起家，从不颓废，从不放弃，以自立自强的意志和信心，林县人民建成了红旗渠，引来了漳河水。修建红旗渠的过程，是林县人民奋发图强，发扬自力更生的革命精神，克服重重困难改造自然的过程。红旗渠修建成功的根本力量，是林县人民，是林县人民自己的力量。实践证明：一个人，一支队伍，一个群体，如果内心缺乏力量而期待外在力量弥补，那么，无论外部力量多么强大，恐怕都难以支撑。任何国家和民族要想改变落后的现状，自力更生是必由之路，因为只有立足自力更生，自尊自强，才能赢得尊重，争得主动。“不论过去、现在和将来，我们都要把国家和民族发展放在自己力量的基点上，坚持民族自尊心和自信心，坚定不移走自己的路。”①

2. 坚定不移、百折不挠的艰苦创业精神

打开1960年第一版柳青的《创业史》，映入眼帘的是先于正文的三个字“创业难”。这不仅仅是柳青的感叹，也是社会主义建设时期每个中国人的感叹。创业难，艰苦创业更难，衣不遮体、食不果腹的创业难上加难，以命相搏的创业就成了创业的经典。在红旗渠的修建中，林县人民面临的矛盾之多、压力之大、问题之复杂、把控之艰难，可以说是前所未见的，但林县的党员干部和群众选择了一条最具挑战性的发展路径，明知创业难，偏向难处行，迎着风险上，顶着挑战走，以勤俭持家，以艰苦创业建家，秉持“宝剑锋从磨砺出，梅花香自苦寒来”的情操，付出劳心苦志的努力，改善生存条件。

为了创业，林县人民没有条件，创造条件也要上；为了创业，他们吃大苦，耐大劳，在困难面前不屈不挠，英勇奋斗，用心血换来丰硕成果。红旗渠总干渠从渠首到分水岭70多千米，要保证渠水自然流淌，若坡度不当，则会形成渠水倒灌或无法引水过山。我们肉眼来看现在的红旗渠，几乎是水平的，因为渠道每前进8千米，落差才下降1米。这样非常微小的落差，就是用现代测量技术都很难完成，而在测量仪器匮乏的年代却是由林县一个老石匠路银完成的。50多岁的农民技术员路银自制简易水平仪。他凭着自己多年当石匠的经验，用木凳子当三角架，洗脸盆盛上水，放在凳子上，再在水上放个木架子，木架子上放一个小管子，空管子另一端用线做成十字线，从管子的一端通过

① 习近平：《习近平谈治国理政》，北京：外文出版社，2014年，第29页。

路银从小就跟父亲学习石匠技术，在红旗渠工地任合涧分指挥部技术员。他在施工中因陋就简，采用了许多土办法解决测量、架渡槽等难题，被称为农民水利专家

另一端的十字线观察前方的测量杆，得到满意的测量效果。这种测量方式，被人们风趣地称作“盆面测量法”。

漳河素有“九十九道弯”之称，由下往上在第七道弯的南侧黄土坡上，有个叫王家庄的村庄，红旗渠总干渠要从这个村庄下面穿过。隧洞顶部是老百姓的房屋，别说放炮了，震动大点儿就会引起群众的恐慌。洞底是软土，若渠水渗漏，不仅会造成渠道坍塌，还会引起滑坡，这是当地群众最担心的事情。原来距王家庄 10 多千米的漳河边，有个车当村，也坐落在黄土坡上，1953 年汛期连降暴雨，洪水泡软了地基，引起滑坡，几十座院落滑入漳河，造成巨大的财产损失和人员伤亡。王家庄与车当村的地质条件相同，群众的顾虑不是多余的。可不可以让渠道改线绕过村庄呢？往里绕是高耸的太行山石壁，往外则是深深的漳河峡谷，显然不可行，况且渠线的落差是固定的，抬高或降低都不行。啃了那么多“硬骨头”，难道让这块“软骨头”卡住渠道的延伸吗？工程指挥部的领导和技术人员，经过向当地群众调查，对地质、地形进行了反复勘探和测量，决定修改施工方案：改原设计的单孔洞为双孔“鼻子洞”，缩小隧洞跨度和断面，增加承受力，确保洞顶居住者的永久安全；采取高标准衬砌措施防渗，用混凝土铺设渠底，用料石砌渠墙券洞顶，杜绝渠水渗漏引发滑坡；在村外渠道上游增建一座控制水闸，调节水量。

修改后的设计方案，满足了当地群众的要求。施工开始后，施工人员在遇到硬石层时只放小炮不放大炮。为加快工程进度，民工们又

王家庄隧洞从村子下穿过，运送渣土距离远，姚村公社民工修建了土轨道来运送渣土

打了 4 个竖井，增加了工作面，可是外运掏出来的土石方却成了问题。民工们抬一筐土外运要在村里过街穿巷拐无数个弯、跑 300 多米，费时耗力还影响挖洞进度。但再大的困难也难不倒林县人民，他们设计出了转盘轨道，6 个洞口共铺设 6 条总长 3 100 米的轨道，比原来的人抬肩挑大大提高了工效。历时 4 个月，这座长 243 米、每孔跨径 2.5 米的穿村隧洞被打通了，王家庄群众把它命名为“安全隧洞”。

修建红旗渠既是林县人民生存能量的一次集中释放，也是智慧能量的一次集中释放。他们把艰苦创业与科技创新结合起来，苦干加巧干，根据不同的施工要求，创造不同的施工方法。1969 年 4 月，红旗渠第三干渠第三支渠穿山越涧，在东岗公社丁冶村的南山被一条大沟挡住去路。必须建设一座跨越 550 米空间的渡槽，跨到北岸的虎头山，才能把渠水继续引向前方。这个渡槽由东岗公社独自承建。没有图纸，当地的土专家凭着多年的修渠经验，集中群众智慧，画出了渡槽的第一张蓝图。随着桥墩的节节升高，高空运料越来越困难。本计划向外边求援，调两部吊车来用，可是一算账，每天的燃油钱加上司机的吃饭钱就需几百元，建渡槽需几个月，那就得花费十几万元，而整个渡槽才投资 38 万元，这样做不划算，还是得自己想办法。民工们由吊桶打水受到启发，根据杠杆原理栽高杆造土吊车。这种土吊车就是把一根长圆木竖起来栽到地下，再用一根长木杆横绑在竖杆的顶端。横杆的前端系上铁绳和铁钩，用于起吊施工用的物料，后端是民工操作的一端，捆上一条粗麻绳，用人力拉拽。不操作时，横杆前端着地，后端翘起，使用时，前端系好物料，人们猛拉后端拴着的麻绳，所运的物料就晃悠到高处的拱墩或拱券上。他们制造了 8 部土吊车，工效提高 4 倍，胜利地完成了高空运料任务。经过 2 个月的施工，一座自己设计、自筹物料、自筹资金的长 550 米、高 16 米、顶宽 3.5 米的石拱结构渡槽建成了，滔滔的红旗渠水奔流上了虎头山，建渠的人们把它命名为“曙光渡槽”。

红旗渠像一条银色的巨龙，盘踞在太行山腰。在这条巧夺天工的“人工天河”上，渠墙是石头砌的，渡槽是石头拱的，隧洞是石头券的，每块料石上都渗透着林县人民自主创新、勇于进取的心血和智慧。

3. 顾全大局、齐心协力的团结协作精神

有大局意识，首先要有大局观。一个集体在看齐的过程中，还要有更多人对全局、对主要矛盾有清醒的认识，这才能步调一致而不僵硬机械，上下同心又相互协调。红旗渠是林县党政军民学聚合力的结晶，是这一群体的聚合力创造了奇迹。

以当时林县的环境和条件，建设红旗渠几乎是不可能实现的。要变不可能为可能，就要靠大局意识来聚力红旗渠的修建。林县人民在长期恶劣的生存环境中认识到了团结和协作的力量。只有团结起来，依靠群众的智慧和力量，才能生存下去，发展起来。1960 年 2 月 11 日，修渠大军上太行山，2 月 13 日，合涧公社党委与公社卫生院就带着慰问品和一批药品来到引漳入林沿线上。他们了解到工地上工具不足、医疗水平低、蔬菜缺少、烧柴紧张，在 2 天时间内，运来钢钎、铁锨和柴草，派来医疗水平较高的医生 4 名。

河顺公社党委了解到工地上住房紧张，公社党委就把搭帐篷用的竹竿、席子、布篷迅速运来。

东姚分指挥部李家厂连队伙房没有菜了，因为工地任务紧，舍不得抽出壮劳力回村催要，连长就派 15 岁的初中女生苏潘云去完成此项任务。在回去的路上，苏潘云心想：当下村里也是青黄不接，困难得很，我这个小姑娘能把干菜收集上来吗？回到村里，她向村干部说明了情况，乡亲们非常理解工地的困难，宁肯自己不吃也千方百计满足工地需要，一天时间她就把干菜收集齐了。第二天，苏潘云就把干菜运到了工地，解

了燃眉之急。

红旗渠是一个集体的成就，共同的理想造就了全县人民的情义和侠义。在集体协作中，每个单位乃至每个人仅有智慧和能力是不够的，需要每个单位、每个人有大局意识，思想认识上形成上下一条心，实际行动中形成一盘棋。县粮食局专职负责红旗渠工程的粮食供应工作，做到了干部到工地、办公到工地、手续到工地、送粮到工地。他们在红旗渠工程沿线设立了 5 个粮食供应站，边加工、边运送、边供应，缺什么送什么，哪里缺往哪里送，保障红旗渠工地的粮食供给。商业局在工地沿线设立了 5 个物资供应基地，跟随 15 个分指挥部设立随军商店，并从县城到渠线上建立了 4 个服务站，供来往民工和运输物资的人马吃饭住宿，保证日杂百货充足供应。

交通邮电局在工地上安装电话总机 4 部、单机 500 部，保证了县委与总指挥部，总指挥部与分指挥部，分指挥部与营、连的通信联络。

工业局抽调 20 名得力干部率 600 名技术工人，携带烘炉和其他机械，在工地沿线设立工具修配站点，为修渠及时提供保障。卫生系统由县人民医院负责在盘阳设立了医院，各公社卫生院随各分指挥部设立了卫生所。文化部门则派出电影队、剧团，轮流在工地各营、连放映和演出，活跃民工的文化生活。

各公社在假期派学生到工地拣石头、挖野菜，参加修渠建设。中国人民解放军驻豫某部队在林县进行汽车拉练，利用工作之便，派出车辆为工地运送水泥、煤炭等物资，官兵们还到工地与民工一起劳动，积极支援红旗渠工程建设。

在群体修建红旗渠的过程中，团结一致、齐心协力就像一种民俗、习惯一样，被群体的大部分或者全部所接受，甚至成为一种约定俗成的社会契约。正是群体每一个成员认识到群体力量对于克服困难的意义，因此每一个成员都乐意接受和遵循并愿意为强化这一约定做出自己的努力。1960 年 7 月 9 日，修建红旗渠总干渠工程进入决战时刻，先完成任务的帮助任务量较大的，同步推进，使分散的力量集合起来攥成拳头。整个 20 千米长的工程分为三个协作区，任村、横水、东姚三个分指挥部为上协作区，合涧、小店、茶店、石板岩、临淇五个分指挥部为中协作区，采桑、姚村、泽下、河顺四个分指挥部为下协作区。协作区内部相互协同、上中下联动，由原来的以各分指挥部为单位画地为牢，变为以协作区为单位协同共进，各协作区内实行横向合作，从更高层面把握自身进度和协同进展的关系，努力实现共赢，最后胜利竣工。

在团结协作精神的影响下，面对困苦和灾难，林县人民不仅没有陷入悲观失望，反而激发起一股团结起来共克时艰的激情。在这里，没有斤斤计较、以邻为壑的狭隘思想，只有相互支持、通力协作的自觉行动。红旗渠总干渠鸻鹉崖工段，峰高崖险，由城关公社民工负责施工。为了攻克这道险关，工程总指挥部决定组织各公社的精兵强将进行会战。当时各公社的施工任务是根据红旗渠修成后受益面积的多少按比例分配，如果抽出自己的精兵强将帮助他人，就意味着要在这个艰险的地方多坚持些日子，多受些苦，可是，各公社没有过多考虑自身的困难，而是积极响应总指挥部的号召，立即抽调青壮人员开赴鸻鹉崖工地。5 000 名青壮年，编成 15 个突击队，经过 50 天的会战，3 000 米长的鸻鹉崖被征服。这是红旗渠工地上团结协作、攻坚克难的一个典范。在红旗渠工地上，各公社、各村自觉服从于工程效率的大局，服从于工程质量的大局，团结奋进、协作共进，产生了 1+1 > 2 的效果。

在思想上不断增进新共识，在行动上不断扩大团结面，努力化消极因素为积极因素，为实现目标，减少阻力，形成合力。红旗渠渠首位于山西省平顺县，总干渠在山西境内有 20 千米长，是整个工程最艰巨、最险要的地段，动工时又是粮食、物资最为短缺的时期。3 万多名修渠民工聚集在沿渠线的十几个小山村里，是史无前例的事情。工程总指挥部要求民工不要打扰当地群众，有困难自己解决。而当地群众看到民工住山崖、宿山洞，不少人主动腾出房子让民工住，而他们自己一家人挤在一间房子里。他们看到民工饮食条件差，自己少吃一口，也要给民工盛碗饭吃。有的民工病了，他们为病人做汤、煎药。施工放炮砸坏房子、伤害了牲畜，他们从不提不合理要求。这种无私支援的精神体现了社会主义时期人与人之间大家庭的温暖。驻扎在工地的医院为当地群众看病，林县剧团为当地群众演戏，林县电影队到沿线农村放电影，还有的女民工为当地婴儿哺乳。同时，红旗渠的修建，也为当地沿渠各村提供了方便，红旗渠为当地各村都留有放水孔，可灌溉当地 3 500 亩土地，还解决了当地群众吃水的困难。有的村还利用红旗渠水的落差，建起了小水电站。互相支持，团结协作，使两地友谊常存，共同发展。

红旗渠修筑在地势险要、地质复杂的太行山上，必须科学地进行工程勘测和工程设计，而林县本地的工程技术人员凤毛麟角。河南省水利厅、新乡专署水利局、安阳专署水利局先后派出 40 多名工程技术人员前来帮助林县进行工程勘测和工程设计。他们同林县本地水利技术人员一样，跋山涉水，爬冰卧雪，饥了啃口干粮，渴了吞口冰雪，白天在山上攀登勘测，晚上在煤油灯下计算到深夜。正是他们无私的帮助，才使红旗渠的技术质量得到保障。

社会的发展是由各个阶层的人共同推进的结果。红旗渠的修建把共同的理想与每个人的幸福联系在一起，把各个阶层、各个群体的共同愿望有机结合在一起，把利益认同与价值认同结合起来，全县形成了一个利益交融、安危与共的利益共同体和命运共同体，共同推进红旗渠建设。团结就是力量，团结就出战斗力，而协作既是集中力量干大事的必由之路，更是响当当的生产力。

4. 不计得失、不怕牺牲的无私奉献精神

邓小平同志讲过：“要教育全党同志发扬大公无私、服从大局、艰苦奋斗、廉洁奉公的精神。”[①] 红旗渠修建过程中，无论受益地区还是非受益地区都不计局部利益得失，为红旗渠的修建贡献了力量，特别是81 位民工为红旗渠建设献出了宝贵生命，用无私奉献守候自己的信仰。

舍己为公、无私奉献最关键的是正确处理苦与乐、得与失、进与退的关系，不作秀，不出风头，不图表扬，不搏政绩。只有树立起淡泊名利、不计个人得失的价值观，做有担当、有情怀、有精神的共产党人，才没有患得患失的心理纠结，才能履职尽责，才能理想化宏图、壮志撼山岳。当年林县的内外环境都不适宜红旗渠的修建，如果林县县委抱着“宁可不干事，千万别出事”的私心，结果就是坐看林县发展的矛盾问题积累恶化。没有“无私”的心态就会不善为、不敢为，进而不作为。林县县委胸怀人民的福祉，毅然选择了以血肉之躯在陡峻的山崖间修建红旗渠工程。

红旗渠工程巨大，效益巨大，但由于地理条件的限制，并不能使全县所有地方、所有人都能从中受益。当时林县 15 个公社中，石板岩公社由于位居深山区，红旗渠从山外流过，整个公社不能从红旗渠直接受益。2013 年五一假期，北京一家大公司的管理团队来林州太行大峡谷中的石板岩旅游，一位管理人员问一位 70 多岁的老人：“大爷，您修过红旗渠吗？”大爷说：“修过。”“您受益吗？”“没得用。”“那您为什么还要去修呢？”老人指着山外说：“他们那边没水。”老人朴实的话语表明，这是天经地义的事，根本就不是个问题，这个团队深受感动。为了全局的利益而毫无保留地牺牲个人利益、局部利益，这种不计得失的无私奉献精

---

① 邓小平：《邓小平文选》第三卷，北京：人民出版社，1994 年，第 367 页。

神，是红旗渠得以建成的基础力量。

无私奉献，就要舍小家为大家，把危险留给自己，把安全让给他人。姚村公社西丰大队 23 岁的范土芹生下孩子才 8 个月，就告别嗷嗷待哺的孩子去修渠，婆婆抱着孩子到村口送行，范土芹看着孩子，一语未了，掩面而去。东岗分指挥部武家水民工连在打大炮眼过程中，发生过因炮洞中缺氧而使民工窒息死亡的事故，一位弟兄多的青年硬争着下洞作业，而不让一位独生子青年下洞。河顺分指挥部一位民工在过河时，因不识水性，被河水卷走。远在 500 米外渠线上劳作的城关分指挥部民工贾文陆看到这种危急情况后，从渠线上直冲下来，不顾自身安危，跳进激流，把这位民工救了上来。

要奋斗，就会有牺牲；要创业，就会有奉献。修建红旗渠，关系林县人民的生存和发展，是为了子孙后代造福，体现了林县人民的根本利益，必须具有无私奉献精神。1960 年 2 月 18 日，红旗渠工程各工段刚开始施工，姚村公社民工第一营妇女营长、共产党员李改云，在率领本营民工施工中，突然发现山崖上有碎石滑落，她预感到这是塌方的前兆，于是连声呼喊："山要塌了，快躲开！快躲开！"民工们都跑出来了，可是正在埋头劳作的一名女民工却被这突如其来的喊声吓呆了，不知所措，千钧一发之际，李改云冲上前去，把这位女民工推出险境，而自己却被塌落的山石埋住了。经抢救，李改云生命保住了，但右腿粉碎性骨折，落下终身残疾。

总指挥部卫生院护士长、共产党员王莫荣，对待伤病民工像亲人一样和蔼可亲，与伤病员谈心，纾解伤病人员的思想顾虑。除了正常的护理工作，她还在寒冷的天气里为伤病人员洗衣。李改云因救人右腿粉碎性骨折，在医院动手术后，伤口久不愈合。王莫荣和医生尚开元分别从自己腿上割下皮肤，植到了李改云的伤口上。1960 年 4 月 2 日，东岗公社南木井村一位青年男民工被石头砸断右脚，失血过多，当时的工地

吴祖太　1958 年调林县水利局工作，参与了红旗渠工程的设计，执笔完成了《林县引漳入林工程初步设计书》。红旗渠开工后，他任总指挥部工程技术指导股副股长

医院根本就没有血浆，医生、共产党员侯林带头为伤员输血，其他医生宋洛书、周永生、杨锦玉也跟着抽出自己身上的血输进伤员的血管里，展现出高尚的共产主义风格。

在现实生活中，利益矛盾是不可避免的。奉献精神的崇高价值，就在于当个人利益与集体利益、社会利益发生矛盾时，把集体利益和社会利益放在首位，牺牲个人利益。河南原阳人吴祖太，从河南省黄河水利学校毕业后，分配到安阳专署水利局，为支援山区水利建设，自告奋勇来林县担任水利技术员。正当他投身于勘察渠线的紧张工作时，妻子去世，老家来人叫他马上回去办理丧事。此时，红旗渠工程等着上马，勘察渠线的工作一刻也不能耽搁，而他又是仅有的几名技术人员之一，工作离不开。为了林县人民的利益，为了红旗渠早日修成，他让报丧的人带回去几十元安葬费，把悲痛埋在心里继续工作。1960 年 3 月 28 日下午收工时，有人报告说王家庄隧洞内土壁出现裂缝，吴祖太放心不下，顾不上吃饭，与姚村公社卫生院院长李茂德进隧洞内查看，不幸遇塌方，以身殉职，年仅 27 岁。

城关分指挥部东街连 22 岁的张文德、23 岁的杨黑丑、24 岁的苏福财和 22 岁的杨五成 4 个小伙子组成一个打炮组，要在崖壁上打一个直径 1 米、深 8 米的老炮，把山体炸开。1960 年 5 月 10 日，炮洞已打到 4 米深了，放完小炮后，硝烟迟迟不散，若等硝烟自然散去再干活，时间等不起。苏福财拿了件衣服下炮洞赶烟，开始呼他还答应，后来就没回音了。杨黑丑说：我下去看看。下去不久也没了回音。张文德料到事情不妙，赶紧下去抢救，结果下去后也没了动静。这时，地面上只有杨五成一个人了，眼看着三个弟兄下去没上来，他不能见死不救。他正要下去，附近另一个组的苏九江老汉把他拦住了："千万不要下，下去你也上不来了！"杨五成非要下，苏九江死死抱住他不放，杨五成才与死神擦肩而过。

与其说林县人凭勇气修渠，不如说林县人在用生命做这件事。开工以来，几乎每一个修渠的人都曾经遇到过各种各样的危险。但在当时，要活命，只有修渠，而要修渠，当时就是这样的条件。在今天，我们的确很难理解他们，但他们就是这样走过来的，红旗渠就是这样修成的。

无私奉献，作为一种高尚的情操，体现了共产党人的思想品质和道德风尚。在东岗镇下燕科村，一提起红旗渠，平时见了生人很少说话的一帮老人们，话就格外稠，他们说得最多的对象是本村的张荒年。张荒年是个普普通通的农民，他的名字说明了他童年经受的苦难。十几岁时，他就参加了中国人民解放军，在部队改名为张家俊并入了党。回到村里后，他当上了村干部。打曙光洞时，他是工地负责人之一。出事那天的早上，他向党支部交了党费，然后赶往工地。张家俊每天都是第一个下竖井，待他查看没有什么危险之后，再招呼别人下井。这一天，他又是第一个，当下到半中间时，意想不到的事情发生了，系在他腰间的绳子断了，他跌进了深深的洞底，再也没有醒来，这一年，他才 38 岁。他的妻子好像突然换了一个人，再也不会说笑了，默默地生活着。在每一个牺牲者的背后，不知包含着他们的亲人多少辛酸和悲伤啊！

无私奉献是正能量，在这种正能量下，林县人民齐心协力，埋头苦干，不断超越极限，使个人的价值在推动社会进步的集体价值中得以升华。

2012 年 9 月 21 日，在联合国国际和平日到来之际，来自世界各地的艺术家和联合国机构官员齐聚太行山下、红旗渠畔，与林州人民一起用艺术的形式发布和平宣言，撞响和平之钟。曾经是联合国环境项目负责人的诺尔·布朗博士对前来采访的记者讲道："我对红旗渠的故事及其象征的精神早有耳闻，在'红旗渠精神'的故乡举办国际和平日活动，可以告诉世界，精神能够为人类提供战胜一切困难的力量。"①

以自力更生为立足点，以艰苦创业为核心，以团结协作为保证，以无私奉献为导向，这就是红旗渠精神的实质所在。

① 刘思扬、霍小光、张宗堂、华春雨：《时代选择：旗帜与道路——党的十六大以来经验与启示述评之六》，《光明日报》2012 年 11 月 3 日，第 2 版。

第二节 红旗渠精神的启示

红旗渠精神所体现的深层次规律，主要表现为四种实力的汇合：林县人民对美好生活强烈追求的硬实力，社会主义制度优越性的软实力，林县县委善作善成的巧实力，基层党组织战斗堡垒作用和党员模范作用的锐实力。正是这四种实力有机汇聚的合力，才使得红旗渠的修建取得全面成功。十年修渠时光，在时间的长河中，犹如沧海一粟，但在中华人民共和国的建设史上，却是一段足以留下深刻烙印的漫长时间。时间镌刻着红旗渠的悲壮与辉煌，见证了这段极不平凡的历程。

回望那段可歌可泣的风雨路，追寻一个群体信念和意志的远征，让我们去寻找奇迹背后的启迪。

1. 坚持以人民为中心的价值追求

习近平同志在党的十九大报告中把坚持以人民为中心作为新时代坚

持和发展中国特色社会主义的重要内容。“人民是历史的创造者，是决定党和国家前途命运的根本力量。必须坚持人民主体地位，坚持立党为公、执政为民，践行全心全意为人民服务的根本宗旨，把党的群众路线贯彻到治国理政全部活动之中，把人民对美好生活的向往作为奋斗目标，依靠人民创造历史伟业。”[①] 牢牢把握以人民为中心的价值追求，可以充分调动人民群众的积极性、主动性、创造性，为中国特色社会主义提供最广泛、最可靠、最牢固的群众基础和力量源泉。人民的衷心拥护和支持，人民主人翁精神的充分发挥，是中国特色社会主义取得胜利的不懈动力。红旗渠精神的基石就是为民奋斗，红旗渠精神形成的整个历程始终坚持以人民为中心的价值追求。

坚持以人民为中心就是要把解决人民群众最迫切需要解决的热点、难点问题放在首位，把体现人民群众的意志和利益作为党的一切工作的出发点和归宿，把符合人民的利益作为制定路线、方针、政策的根本原则。坚持党的群众路线，保持与人民群众的密切联系，是为了认识世界，更重要的是为了改造世界，使世界更符合最广大人民群众的利益。历史上长期困扰林县人民群众生产生活的关键问题是缺水，林县各级党组织和广大党员干部就急群众之所急，想群众之所想，着手解决林县的干旱缺水问题，从 1950 年开始，就带领全县人民进行了艰苦卓绝的努力，无数次地打井、修渠、建水库。但是，严重缺水的状况并没有从根本上得到改变，水资源短缺仍是关系林县人民生存、制约林县经济发展的关键问题。为了彻底解决这一主要矛盾，林县县委经过一年多的实地考察，决定引漳河水入林县，修建纵贯全县的红旗渠。如此大的工程，在当时的困难条件下，其风险之大，是可以想象得到的。敢不敢干？如何干？

---

① 本书编写组编著：《党的十九大报告学习辅导百问》，北京：党建读物出版社、学习出版社，2017 年，第 17 页。

失败了谁承担责任？可是不干就不能解放全县的生产力，更别说发展生产力；林县贫困面貌依旧，人民生活水平依旧，不为人民谋利益，党就会脱离群众。2004年10月，在北京国家博物馆举办的红旗渠精神展现场，68岁的劳模李改云说道："红旗渠是怎么修成的？我觉得就是两条，领导的决策和群众的干劲，只要这个决策是想老百姓所想，为的是老百姓最需要的东西，那老百姓就舍了命跟你走。"[①] 特等劳模任羊成也说出了群众的心声："以前搞水是为了人民，改革开放也是为了让人民富起来，道理都是一样的。只要党的政策真正为老百姓着想，老百姓就有的是干劲，咱们就没有干不成的事！"[②]

坚持以人民为中心就要敢于对人民负责，具有无私无畏的革命精神，勇于坚持正确的、改正错误的，不能过多地考虑自己政治、经济等方方面面的利害得失。红旗渠修建经受着严峻考验，物资、粮食供应紧张，工程艰巨，劳动强度大，部分群众有畏难情绪，不满情绪也在滋长。这些现实问题给县委带来很大压力。在这样的历史条件下，要真正坚持我们党老一辈无产阶级革命家陈云同志所倡导的"不唯上、不唯书、只唯实，交换、比较、反复"的领导原则，是需要极大的政治勇气的。只有对党的事业、对人民的利益具有高度负责的政治责任感，才能顶住来自方方面面的压力，把事业推向前进；只有义无反顾地建好红旗渠，才能对得起上级党委，才能对得起全县人民。1962年11月，林县来了一个调查组，调查人民银行林县支行行长未经批准擅自挪用县里退赔款的问题。原来在1958年时实行"一平二调"，后来中央在纠偏中，对征收的这部分款项进行退赔。林县经过认真核算，按政策对各社队及农户进行了退赔，上级应该退赔县财政的钱则暂时列专户存放在了县人民银行。修建红旗

---

① 刘维涛、曲昌荣：《人民的力量是战无不胜的——〈红旗渠精神展〉参观侧记》，《人民日报》2004年10月3日，第2版。

② 同上。

渠时，由于资金紧张，这笔钱就用在了修渠上。调查组来林县调查，县委认为，这笔钱是林县人民的钱，在银行闲着，利用这笔钱修建红旗渠，是为了全县人民利益。如果有错误，责任在县委，不能追究银行行长的责任。调查组的报告呈报到中央，主管中央财贸工作的国务院副总理李先念阅后说："这不是什么大问题，也不要把它看得过重了。动用这笔钱合情合理，只不过有点儿不合乎当时的规定。"① 一波三折的红旗渠，历尽曲折的红旗渠，它的修建是对林县县委政治勇气的考验，充分体现出他们果断坚定的群众立场和无私无畏的革命精神。

坚持以人民为中心就要为民务实清廉，切切实实为民办实事，不能在工作中做表面文章、摆花架子、搞面子工程。人民拥护不拥护、人民赞成不赞成、人民高兴不高兴、人民答应不答应是衡量一切工作得失的根本标准。如果当时的林县县委和各级党组织都只为个人利益打算，何必十年如一日修渠呢？他们在自己的位置上碌碌无为地待几年，不论是政治上还是经济上都不会损失什么。责任感、使命感使他们丝毫不敢松懈自己的斗志，丝毫不敢脱离人民群众，实事求是地为人民办实事、办大事。

群众是主体，以人民为中心就是顺应需要并依靠群众的力量来实现。一切为了人民，一切依靠人民，从群众来，到群众中去，把党的正确主张变为群众的自觉行动。修建红旗渠这样造福子孙的庞大工程，必须集中群众的需要和意志，集中群众的智慧和力量，依靠群众来实现。

依靠群众修渠就要充分动员群众。动员群众需要用红旗渠工程能够改变十年九旱的共同愿景来激发全县群众支持和参与修建的热情。群众了解了这个愿景，积极性和主动性就被调动起来了。1960 年 2 月 10 日发布了《引漳入林动员令》：

① 杨贵：《红旗渠建设的回顾》，《河南文史资料》2009 年第 1 期，第 34 页。

引漳入林是彻底改变林县面貌的决战工程，这一工程建成将有20 ~ 25个水的流量，像一条运河一样，滔滔地流入我县全境。从漳河的南岸，从太行山的半腰间，到达东岗、河顺、横水、采桑、东姚等山区丘陵、盆地……

《引漳入林动员令》通过有线广播，迅速传遍林县的各个角落，全县各公社连夜召开党委紧急会议和电话会议，进行动员。各生产大队和小队都在组织队伍。广大干部群众都为美好的前景所鼓舞，谁都想为引漳入林出力流汗，贡献自己的力量。当天晚上，采桑公社党委副书记秦宽录，带领40多人已到戏院门口等候，争当出征第一名。横水公社分配给东下洹村第一批民工250人，报名的就达600人。河顺公社马家山村老石匠崔天书，一面整理行李一面对母亲说：过去咱们吃水比吃油都

在誓师出征大会上，林县男女老少群情激昂。他们高昂的头颅、挥舞的手臂、紧握的拳头、坚定的眼神，无不显现出他们为实现修渠通水梦想而不为任何艰难所惧、不为任何干扰所惑的精神风貌

难，现在要引漳入林，我要到工地大干一番，把漳河水引回家，到时候您老人家站在家门前就能亲眼看到水浇田。临淇公社西张村 50 岁的老党员宋宝贵和女儿、共产党员宋六琴父女俩都报名参加引漳入林工程建设。林县水利局技术员、党员康加兴与泽下公社翁峪大队的女村干部、党员徐生芹原计划 1960 年 3 月结婚，如今县委下达了《引漳入林动员令》，两个年轻的党员商定推迟婚期，不修成红旗渠不结婚，两个人都上了红旗渠工地。小店公社油村大队的史松生、韩松花结婚刚 5 天，听了《引漳入林动员令》，两人一齐报名上工地。姚村公社北辛庄村刘长启的媳妇在 2 月 6 日生了个儿子，他正在冥思苦想为儿子起名字，2 月 10 日晚上从喇叭上传来了县委《引漳入林动员令》，灵机一动，立即给新生的儿子取名刘引漳，第二天一早就和村里的民工一起奔赴引漳入林工地。鼓舞人心的号召，高瞻远瞩的擘画，凝聚起林县人民改变命运的磅礴之力。

群众发动起来后，就需要组织群众，只有组织起来，才能彰显群众的力量。县委在工地成立了红旗渠总指挥部，以公社为单位成立分指挥部，以生产大队为单位成立民工连，形成了组织军事化、行动战斗化、生活集体化的组织形式，凝聚成一个整体的力量。

坚持以人民为中心就要把人民群众中蕴藏的改变落后面貌的巨大力量激发出来，依靠人民创造历史伟业。修建红旗渠是广大人民群众迫切要求办的事，得到广大人民群众的拥护，人民群众就会创造出许多解决经济困难的办法。修渠需要大量钢钎，自己打制的钢钎硬度不够，就把通过部队转业干部回老部队求援得来的抗美援朝战争中剩下的钢钎锯成几截，接在自制钢钎的前端，使钢钎的硬度能够同岩石相抗衡。在极度困难的条件下，民工们发挥创造精神，不断改善施工条件。修渠民工根据不同的地质地形，创造了各种各样的放炮方法。在修渠工地上，民工们开展“向工具要劳力，向技术要时间”的技术革新活动，在漳河两岸架设空运线 198 条，总长达 16 千米，实行高空提水、高空运料，大大减轻了劳动强度。民工们还发明了土罐车，铺设铁轨道 57 条，总长度 777 米；铺设木轨道 32 条，长达 8 764 米，制罐车 1 025 个，实现了出渣车辆化，从而加快了工程进度。把冲天的革命干劲儿与科学态度相结合，群众经验与先进技术相结合，依靠人民群众，再大的困难也能克服。

一切相信群众，一切依靠群众，启发群众的觉悟，使群众自己发动自己，自己解放自己，团结起来为自己的利益而奋斗。修建红旗渠的条件十分艰苦，没有也不可能靠奖金和物质来刺激人民群众修渠的积极性，人民群众在自我实践、自我教育中懂得了谁修渠、为谁修、怎样修的道理，宁愿吃眼前苦也要换来长久幸福。

20 世纪 60 年代的红旗渠，是“以人民为中心”的历史注脚；在 2020 年全面建成小康社会，实现第一个“百年目标”，是“以人民为中心”的当代注脚。以人民为中心的新时代，注定是“人”字被大写的时代。

2. 坚持党领导一切

水是人类不可或缺的资源，但对林县人民来说，水已经稀缺到使这里的人民难以生存的境地。这就需要有组织能站在战略高度，从全局角度、以长远眼光来谋划解决林县缺水问题。“伟大的事业必须有坚强的党来领导。”[①] 林县县委决策的引漳入林这个大战略，不仅重视引漳入林战略的构建，而且重视这项战略的实施。无论是开工不久后出现的原设想与实际不符的状况，还是第一期工程后乘胜前进时遇到国家为渡过灾荒要求休养生息实行“百日休整”，林县党组织在纷繁复杂的事物表象中把准发展的脉搏，在众说纷纭中保持清醒的洞察力和判断力，从整体工作出发，找准红旗渠建设在发展全局中的位置，在变中求新、求进、

① 《中国共产党第十九次全国代表大会文件汇编》，北京：人民出版社，2017 年，第 55 页。

求突破。

在修建红旗渠的初期，人们的认识并不是一致的，怀疑和议论时而有之。更令人担忧的是来自上级的不理解和责难，时不时需要承受上级各种调查组带来的压力，再加上工程施工中不时发生的事故，也引起部分群众的思想波动。当时有许多人盯着红旗渠工程，这是对领导者意志的磨炼，更是对领导能力和智慧的考量。林县县委在上级的责难中不气馁，对一些人的不理解不沮丧，在物资短缺、技术困难面前不妥协，而是冷静思考，从容应对。林县县委带领全县人民把各方面的压力变动力，想方设法争得上级的支持，化解一些人思想上的疑虑。当总干渠第一期工程竣工后，凡是来林县考察的上级领导，县委领导都带他们去看这一段工程。当上级领导看到漳河水按照林县人民的意愿流到家门口时，怀疑就消除了，转而开始对修建红旗渠予以支持，达到认识上的契合。

林县县委强有力地总揽全局、协调各方，重视选好用好基层党组织带头人，把特别能吃苦、特别能战斗、特别能奉献的基层干部充实到基层党组织领导岗位上，始终保持基层党组织政治定位不偏、政治功能不弱、战斗堡垒不垮。基层党组织发挥政治引领作用，把责任放在心上，把工作抓在手上，把任务落到实处，把广大群众团结在党的周围，把党建优势转化为工程进展的动力。林县县委把党建工作与引漳入林工程实际有机结合，在实现巨系统工程的科学有效管理上，探了新路，收了实效。红旗渠的实践证明，党建强，工程强。当基层党组织和广大党员都积极行动起来，迸发出的力量是惊人的。

历史和现实证明，党的领导是中国特色社会主义制度的最大优势，是全国各族人民的利益所系、幸福所系。要正确处理中国特色社会主义新时代的主要矛盾，实现“两个一百年”目标，必须加强党的建设，提高党的领导力，有效地实施党对国家和社会的全面领导。

3. 坚持理想信念

20 世纪 70 年代公映的一部电影纪录片《红旗渠》，曾深深地镌刻在一代人的心里，也深深地感动着后来者。在那个时代的影像记录中，有一个镜头尤其令人印象深刻：走在千军万马战太行队伍前头的是以杨贵书记为首的林县县委一班人。他们的步履中分明踏着共和国农民与农村的历史歌行——是道阻且长的，但也是前景开阔的；是艰难困苦的，但更是坚定不移的。

县委主要领导杨贵、李贵等走在修渠大军的前列

理想是人们基于一定的生产力发展水平和社会关系状况，对社会和人生的未来发展趋势和必然状态的预期、向往和超越性追求；信念是认知、情感和意志的统一，是人们对于某种现存或可能的事物、观念，理智上认同、情感上接受，直至在内心形成一种坚信不疑、矢志追求的精神状态，并以坚强的意志排除干扰、积极实践这种理论观念。从理论上来说，理想信念是价值观念，但它不是一般的价值观念，是处于价值观中的最深层次，是价值观的核心形态。中国共产党从成立时起，就是一个以共产主义理想信念凝聚起来的马克思主义政党。中国共产党人的坚定信念就是彻底改变旧中国遗留下来的一穷二白的面貌，建设繁荣富强的社会主义国家，赶上和超过世界先进水平，使中华民族屹立于世界先进民族之林，让全国人民过上有尊严的生活。

“理想指引人生方向，信念决定事业成败。没有理想信念，就会导致精神上‘缺钙’。”[①] 回顾红旗渠建设的壮举，林县党组织与林县人民何以能在前有天险、后无粮草、物资匮乏、自然环境极为恶劣的环境下建成红旗渠？答案多种多样，但有一点是公认的，那就是以理想信念为核心的精神力量，是激励和支撑林县人民战胜艰难险阻的重要因素。红旗渠的成功修建是林县人民理想信念的胜利。正是对所信仰、所向往、所追求的奋斗目标抱有强烈的信任，林县人民才能获得坚持和坚守的信心，才能鼓起奋发进取的勇气，才能克服前进路上的艰难险阻，才能激发艰苦创业的强大动力。理想信念是林县人民的力量之源，是红旗渠的成功之本。

共产主义理想和社会主义信念，这些宏大深刻的名词，未必能让普通百姓真正地理解其内涵，但一个能够满足群众切身利益、反映群众对未来美好生活的憧憬与向往的号召则承载着人民对美好生活向往

① 习近平：《习近平谈治国理政》，北京：外文出版社，2014 年，第 50 页。

的追求。

红旗渠，长又宽，弯弯曲曲绕群山。全县人民把它开，漳河流到林县来。浇田地，又发电，产量年年倍倍翻。

这样光明的社会发展前景，说出了林县群众对新生活的热情与渴求。人民群众对生活理想的追求激发出对职业理想、道德理想、政治理想的追求，从而就有了把所有人联合起来共同奋斗的基础。“理论一经掌握群众，也会变成物质力量。理论只要说服人，就能掌握群众；而理论只要彻底，就能说服人。所谓彻底，就是抓住事物的根本。”[①] 林县人民一旦深刻理解了理想信念的内涵和实质，就会把自己的命运交给党，就有了前行的定力、韧力、激情和从容。

半个世纪以前，心怀理想信念的林县人民克服千难万险，建造了红旗渠。在中华民族伟大复兴的新征程上，我们同样应以坚定的理想信念和不畏任何艰难险阻的豪情继续创造新时代的奇迹。

4. 坚持制度自信

作为一个幅员辽阔、人口众多的国家，我国各地自然条件和经济社会发展存在较大差异。林县干旱的气候、单一的农耕经济结构，使该地区的农业对灌溉水产生了迫切需求，它是红旗渠修建的原始动力。但是，只有动力，没有相应的制度安排，没有科学化的决策，愿望不会变成现实。一项跨农户、跨村落、跨地区、跨省际的大型灌溉系统，需要动员数万

① 中共中央马克思恩格斯列宁斯大林著作编译局编：《马克思恩格斯选集》第一卷，北京：人民出版社，1972 年，第 9 页。

乃至十几万的劳动力，需要庞大的物资供应，需要系统的组织和指挥力，需要在中央政府支持下，在省际之间进行协调。这一切，只有在社会主义制度条件下，才能得到解决。因此，红旗渠是在中国共产党领导下，发挥社会主义制度优越性和人民群众的创造精神相结合的产物。

邓小平指出："社会主义国家有个最大的优越性，就是干一件事情，一下决心，一做出决议，就会立即执行……没有那么多互相牵扯，议而不决，决而不行。就这个范围来说，我们的效率是高的，我讲的是总效率。这方面是我们的优势，我们要保持这个优势，保证社会主义的优越性。"① 当修建红旗渠成为解决林县缺水的唯一选择，面对全国性连续自然灾害和全局性经济困难的大背景，在生产力水平落后的历史条件下，要办成修建红旗渠这一史无前例的大事，必须集中一切可以集中的人力、物力、财力，把千军万马从四面八方组织到一个战场，将零星分散的物资和资金从各部门、各家庭汇集到一起，动员一切可以动员的力量，聚集起最大的能量，来一次集中释放。林县县委集中全县党员和全县人民的智慧，依靠社会主义制度提供的集中力量办大事的有利条件，避免一些不必要的牵扯，实行全党总动员、全民总发动，把全县的党心、民心凝聚在修建红旗渠这一改变林县人民命运的大决战上。

集中一批领导能力强的干部，组成建设红旗渠工程的领导力量，这是集中力量建设红旗渠的首要条件。林县县委把县、公社、生产大队的主要领导同志调往红旗渠工地，分别担任工程总指挥部、分指挥部、民工营的领导工作，把县直各局、委的得力干部调往工程总指挥部担任各业务部门的领导，这就为工程建设提供了领导保证。在财力、物力的集聚上，县里把 3 000 万斤储备粮和历年节约的不足 300 万元资金，全部投入红旗渠工程建设上。各行各业各部门都在挖掘潜力，有钱出钱，

---

① 邓小平：《邓小平文选》第三卷，北京：人民出版社，1993 年，第 240 页。

有人出人，有物出物，有技术出技术，有设备出设备，尽其所有，支援工程建设。红旗渠工程建设中，工业、财贸、交通、邮电、文教、卫生各条战线组织起支援修渠大军，全县一盘棋，大家一股劲，把一切可以利用的物资都聚集起来，把点点滴滴资财聚敛起来，把一切能为修渠所用的积极因素调动起来，以土带洋，土洋结合，就地取材，挖掘潜力，因陋就简，废物利用，集中一切可以集中的力量，修建了红旗渠。红旗渠的修建是一次集体力量的释放，凝聚了林县人民强大的集体主义向心力，体现了依靠集体经济的力量、发扬集体主义精神的社会主义优越性。

思想决定行动，具备了集体主义思想就能为了集体的利益放弃个

为了解决石匠缺乏的问题，女民工自己学会了锻料石

人的利益，为了大集体的利益不计较小团体的利益，为了共同的事业而全力以赴。工地需要除险人员，丝毫不能从红旗渠直接受益的石板岩公社，立即把过去常年在悬崖峭壁上挖药材、下崭经验丰富的王天生连夜送到工地，扩大除险队的力量；料石需求量大，缺乏石匠，就采取一师带三徒的办法，男的、女的都学锻石技术；炮手不够，有经验的老炮手以师带徒，不仅为本公社的民工营培训炮手，还为其他公社的民工营培训炮手；造炸药不懂技术，各公社迅速寻找抗日战争和解放战争时期的老民兵、老军工来到工地，传教技术，培养人才；山道崎岖，需要有经验的司机，从朝鲜战场上退伍的装甲兵、技术熟练的老司机纷纷云集到运输线上。当城关公社鸻鹉崖工段出现困难时，其他公社伸出援手，抽调 5 000 名精壮劳力，帮助他们闯过难关。大家为了一个目标，前后方结成了一个团结战斗的整体，人民群众更加坚定集体主义的自觉。

红旗渠开工建设前几年，工程没有列入国家计划内建设项目，物资供应不能有计划地得到保障，交通运输成了首要问题。林县车辆很少，只好四处求援。林县县委书记处书记李运保从林县骑自行车 50 千米，去找安阳市委，那时安阳车辆也很少，但还是一次支持了 5 辆汽车。接着，李运保又到位于安阳县白壁的中科院棉花研究所求援，研究所支援了 7 台拖拉机。李运保仍感到车辆不够，硬着头皮去找素不相识的驻安阳某部队，该部队慷慨地派来 10 辆军车帮助红旗渠工地搞运输。正是这些单位发扬共产主义风格，才使李运保连去带回在安阳两天时间就弄来 15 辆汽车、7 台拖拉机，暂时缓解了红旗渠工程动工之初后勤供应的燃眉之急。

红旗渠的修建是社会主义大协作和一方有难、八方支援的一个典型，体现了地区与地区之间、单位与单位之间、人与人之间和谐互助的社会主义新型关系。红旗渠是依靠集体的力量和全国各地的大力支援而建成的，是社会主义制度优势的磅礴彰显。它昭示我们：社会主义制度具有办大事、急事、难事的独特优势，越是在困难的情况下，越能彰显社会主义制度的优越性。穿自己的鞋最合适，走自己的路才有别样风景。

第三节　弘扬红旗渠精神的时代意义

半个多世纪过去了，林州人民走过了艰苦的岁月。在现实的繁荣和富庶之间，回望那太行山腰上精细打凿的方石所砌筑的蜿蜿蜒蜒的渠线、那一渠流淌不息的清水，不由得发人深思。当林州从贫困走向富足，当中国从落后迈入小康，我们该如何对待曾经拥有的那种精神？该如何继续耕耘守望我们的精神家园？

习近平同志谈到：河南“培育了愚公移山精神、焦裕禄精神、红旗渠精神，这些革命创业精神是我们党性质和宗旨的集中体现，历久弥新，永远不会过时。”[①] 岁月流逝，世事变迁，太行山依然巍峨，红旗渠的故事依然动人，红旗渠精神之旗依然鲜艳。在中国特色社会主义新时代，在实现民族复兴的壮丽征程上，我们仍需红旗渠精神来凝聚社会共识，

---

① 平萍、陆茁、张建新、田宜龙：《在中原经济区上升为国家战略的鼓舞下　奋发有为开创中原崛起河南振兴新局面》，《河南日报》2011 年 3 月 8 日，第 2 版。

保持昂扬的精神状态，激发创造的活力。

1. 时代呼唤红旗渠精神

经过长期的积累和奋斗，我国综合实力、人民生活水平迈上了新台阶、提升到了新高度，中华民族伟大复兴展现出从未有过的光明前景。行百里者半九十，“决不能因为胜利而骄傲，决不能因为成就而懈怠，决不能因为困难而退缩”[①]。新时代要有新气象，更要有新作为，要艰苦奋斗再创业。红旗渠精神以其雄浑博大、荡气回肠的魅力给予我们深刻启示，社会主义是干出来的，幸福是奋斗出来的，艰苦时期需要艰苦创业精神，生活条件好了同样需要艰苦创业精神。艰苦创业是中华民族的优良传统，也是共产党员的政治本色。艰苦创业在不同的历史阶段具有不同的内容和要求，我们并不是要把艰苦创业与贫穷落后等同起来，而是提倡积极向上，坚持与时俱进。在推进中国特色社会主义事业的征程上，困难和挑战就像拦在我们面前的一座座险峰、一道道沟壑。克服风险、战胜挑战，犹如红旗渠建设中的逢山凿洞、遇沟架桥，每一次成功、每一个胜利都将为这个事业创造一份新的财富、注入一份新的能量。实现伟大梦想需要我们继续做好长期创业的准备，需要各级领导干部吃苦在前、享受在后，需要每一个人不懈奋斗。

有怎样的精神力量，便会迈出怎样的前进步伐，释放出怎样的创造能量。红旗渠精神力量吸引着我们，凝聚着我们，感召着我们。一个民族需要有民族精神，一个时代需要有时代精神。新的时代，虽然条件好了，但是在前进的路上我们还要啃硬骨头，还要涉险滩，我们仍需呼唤红旗

① 《以时不我待只争朝夕的精神投入工作　开创新时代中国特色社会主义事业新局面》，《人民日报》2018 年 1 月 6 日，第 1 版。

渠精神，弘扬红旗渠精神，让红旗渠精神转化为推进全面建成小康社会和实现中国梦的巨大力量。

党的十九大报告提出加快完善社会主义市场经济体制。市场经济是一种以个人对自身利益的追求作为基础的交换共同体，每一个经济的个体都追求利润最大化，每一个真实的个人都追求利益最大化。这两个“最大化”是市场经济发展的内在动力，但不是唯一的动力。经济活动只是人类活动的一个领域，人类还有政治、文化等活动。追求利益最大化、公平交换只是经济领域的行为规范，并不能扩展、泛化到人类活动的一切领域。社会主义市场经济要求我们，既要遵循市场经济的一般法则，又要遵循社会主义的原则，讲奉献、讲团结、讲协作，决不允许任何生产者、经营者不讲社会责任、不择手段追逐利润，必须坚持社会主义价值观，要大多数人得到实惠。

历史和现实告诉我们，市场主体之间的恶性竞争，必然导致相互缺乏合作，必然恶化市场环境。搞社会主义市场经济，就是要优化市场竞争环境，既讲竞争，又讲协作，形成良性竞争。倡导团结协作、无私奉献的红旗渠精神，有利于抵御市场经济的负面影响，促进社会主义市场经济体制的发展和完善。

弘扬红旗渠精神，有利于加强党的自身建设，提高政治免疫力，筑起有效拒腐防变的思想长城。党领导林县人民筚路蓝缕、以苦为乐，以强大的精神力量投身于红旗渠的建设中，创造了人间奇迹。从一定意义上讲，红旗渠精神是我们党在决胜全面建成小康社会，进而全面建设社会主义现代化强国时期加强自身建设、提高领导水平的生动教材，是保持党的纯洁性和先进性的防腐剂和清醒剂。弘扬红旗渠精神，可以使我们夯实思想基础，正确对待和处理现实生活中对美好生活的向往与艰苦奋斗的关系、消费水平与经济发展水平的关系、走向富裕与保持革命本色的关系。

我国的经济总量虽已跃升至世界第二，但人均水平仍低于世界平均水平。整个社会活力涌动，但也要处理好高质量发展中的种种难题。发展不平衡、不充分的一些突出问题尚未解决，发展质量和效益还不高，创新能力还不够强，生态环境保护任重道远，民生领域还有不少短板，脱贫攻坚任务艰巨，城乡区域发展和收入分配差距依然较大，群众在就业、教育、医疗、居住、养老等方面仍面临不少难题，社会文明水平尚需提高。在这样的国情基础上实现中国梦的目标，任务十分艰巨，面临着严峻的挑战和考验。党的十九大报告明确指出："中华民族伟大复兴，绝不是轻轻松松、敲锣打鼓就能实现的。全党必须准备付出更为艰巨、更为艰苦的努力。"① 创业难，守成更难。以守维成则成难继，因创兴业则业自达。要实现全体人民的共同富裕，创造全体人民更加美好的生活，需要每一个人付出辛勤劳动和艰苦努力。红旗渠精神的精髓是"干"字当头、"实"字托底、"敢"字支撑，这是激励我们不忘初心、牢记使命、不断再创业的精神基因。红旗渠精神昭示我们，干成事才是硬道理，干成事才能得到老百姓的拥护。红旗渠不仅圆了"水"的梦想，而且将不怕苦不怕累、敢想敢干的红旗渠精神渗透到人们干事创业的激情当中。面对我们国家的基本国情和我们党的历史使命，没有坚定的理想和必胜的信念，没有干事创业的激情，没有不畏艰辛、励精图治的精神状态和艰苦奋斗、顽强拼搏的工作作风，就难以克服前进道路上的重重困难，难以战胜前进道路上的风险和挑战。我们必须弘扬红旗渠精神，做好永不停歇不断艰苦创业的长期准备，永远保持昂扬向上的精神风貌，不断攻坚克难，让"中国号"巨轮驶向更开阔的水域。

民族的伟大复兴，需要强大的精神支撑。红旗渠精神在历史进程中

---

① 本书编写组编著：《党的十九大报告学习辅导百问》，北京：党建读物出版社、学习出版社，2017 年，第 12 页。

不断丰富和发展，是优秀民族精神、改革开放现代意识和新时代需要的结合，它凝聚着民族魂。时代需要红旗渠精神，人民呼唤红旗渠精神。

2. 保持共产党员先进性的需要

时代的坐标提供着先进性的方位，先进性的要求反映着时代进步的方向。先进性不是一成不变的，不同时代有不同的要求。在硝烟弥漫的战争年代，共产党员冲锋在前，抛头颅、洒热血，英勇战斗、不怕牺牲；在热火朝天的建设年代，共产党员吃苦在前、享受在后，舍小家、顾大家，自力更生、艰苦奋斗。

在红旗渠建设中，党的基层组织是组织红旗渠建设全部工作和战斗力的基础。基层党组织干部就是峰巅上的树、人们眼里的旗，平日里看得见，关键时立得起，只有时时走在前，处处做表率，事事靠前站，群众才觉得你是主心骨，再苦再累都跟着走。渠首溢流坝工程开工时正值初春时节，山上积雪未消，气温很低，漳河来水约 20 米^3/ 秒，进水隧洞又正在施工，不能导流泄水，若不及时进行水下工作，截流合龙，在春汛大水到来时，就有可能冲毁围堰，使新砌坝体遭到破坏。1960 年 4 月 10 日起，寒流袭来，风力由 5 级升到了 10 级，先是下霜，霜变小雨，小雨变成小雪。4 月 12 日，冷风嗖嗖，鹅毛大雪纷飞。当此艰苦异常之时，任村公社党委副书记、任村分指挥部指挥长、工地党总支书记刘乃杰亲自带着 30 名民工，在齐腰深的寒流中进行水下清基工作。

走在前列，带头实干，随时准备为修建红旗渠牺牲一切，这是修渠工地上党的基层干部为人民、为社会所作的价值选择。泽下分指挥部马兰、碾上、沟窑头三个村的民工组成的民工营承担着最艰险的长 300 多米的筑渠任务。当营长、马兰村大队长王磨妞带着碾上、沟窑头两个连的连长到现场划分任务时，只见一道悬崖从漳河河床到崖顶有 600 米高，渠线从悬崖腰部穿过。在直上直下的崖壁间，向外凸出来一大块，足有百把米宽，像伸出的老虎嘴，而渠线恰恰要从这里穿越，只有先敲掉“老虎嘴”才能开凿渠道。从上往下看，让人头晕目眩；从下往上看，“老虎嘴”龇牙咧嘴，阴森可怕。马兰连的民工来到“老虎嘴”的崖顶上，往下一看，个个都本能地往后缩。王磨妞看到大家有畏惧情绪，什么话也没说就往腰间系绳子，第一个下崖。危险关头，带“长”的人先上，党员先上，第一个人冲上去了，就有第二个、第三个……人下去后，他们打了 18 个炮眼，连放 18 炮，把“老虎嘴”炸掉了。红旗渠上的基层党组织成为了攻坚克难、凝聚人心、加快工程进展的坚强战斗堡垒。

红旗渠特等劳模常根虎在红旗渠工地担任炮手，终日扒山崖，腰系

常根虎在工地担任炮手，腰系绳索，凌空作业。他根据不同山势灵活地采取小炮、大炮、斜炮、拐弯炮等爆破技术，被称为“神炮手”

绳索，凌空作业，装药放炮，练就了一手放炮本领。哪里出现未响的瞎炮，别人不敢去搬动，他却将个人的生死安危置之度外，一马当先去排除，为建渠大军开路，被称为红旗渠上的“神炮手”。

参与修渠的共产党员，牢记党的全心全意为人民服务的宗旨，时刻牵挂着人民的利益，不论是干部党员还是普通党员，都同群众一样一身汗水一身泥地苦干，哪里有困难，他们就出现在哪里，哪里有危险，哪里就有他们的身影。工地上的党员生动地诠释着什么是先锋模范作用。他们把合格的标尺立起来，把党员的先锋形象树起来，使修渠群众学有标杆，做有榜样。

红旗渠精神告诉我们，只有把共产党员的先进性同广大人民群众的积极性、创造性结合起来，才能把改革开放和社会主义现代化事业不断推向前进。事业越前进、越发展，新情况、新问题就会越多，面临的风险和挑战就会越多。在这种情况下，共产党员要保持先进性，需要学习红旗渠精神，提升党员素质，增强基层党组织的战斗力，从而“确保党在世界形势深刻变化的历史进程中始终走在时代前列，在应对国内外各种风险和考验的历史进程中始终成为全国人民的主心骨，在坚持和发展中国特色社会主义的历史进程中始终成为坚强领导核心”[①]。

3. 决胜全面建成小康社会的需要

党的十九大的主题是“不忘初心，牢记使命，高举中国特色社会主义伟大旗帜，决胜全面建成小康社会，夺取新时代中国特色社会主义伟大胜利，为实现中华民族伟大复兴的中国梦不懈奋斗”。[②]到 2020 年全

---

① 本书编写组编著:《党的十九大报告学习辅导百问》，北京: 党建读物出版社、学习出版社，2017 年，第 14 页。

② 同上书，第 1 页。

面建成小康社会，是我们党向人民、向历史作出的庄严承诺。宏大事业需要精神力量来助推与支撑。在决胜全面建成小康社会的关键阶段，需要有这样的红旗渠精神作为内在的支撑和动力。

习近平同志讲：“人世间的一切幸福都需要靠辛勤的劳动来创造。我们的责任，就是要团结带领全党全国各族人民，继续解放思想，坚持改革开放，不断解放和发展社会生产力，努力解决群众的生产生活困难，坚定不移走共同富裕的道路。”[①] 要决胜全面建成小康社会的宏大事业，首要的是牢牢把握坚持解放和发展社会生产力这一基本要求。从初摸太行山的脾气，以兴修水利、保持水土为中心，解决群众的吃粮穿衣的生存问题开始，到修建英雄渠和弓上水库、要街水库、南谷洞水库，再到修建红旗渠，林县县委审时度势，迎难而上，时刻注意把群众改变落后面貌的热情转化为发展生产力的实践活动，特别是林县党组织带领林县人民发扬自力更生、艰苦创业、团结协作、无私奉献精神修成红旗渠后，大大发展了生产力。有了水，解决了群众吃水难的问题，粮食产量由中华人民共和国成立前的亩产50多千克增加到400多千克，同时高效农业、林果业、畜牧养殖业也得到发展。在利用红旗渠水解决人畜饮水和灌溉土地的同时，林县县委还深入挖掘红旗渠的生产力。在红旗渠的干、支渠上建成数十座小水电站。星罗棋布的小水电站加速了农业机械化进程，使古老的乡村告别了油灯，更告别了古老的石碾、石磨，告别了打场的碌碡，告别了提水的水车，农业生产力提升到了一个新水平。与此同时，红旗渠又为工业发展提供了用水，化肥厂、炼铁厂、水泥厂、化工厂、农机厂等工业企业随之发展起来。改革开放后，如果没有红旗渠提供的水资源，没有红旗渠精神助推，林县的发展就无从说起，解放和发展生产力就是空谈。

---

① 习近平：《习近平谈治国理政》，北京：外文出版社，2014年，第4页。

“全面小康，覆盖的人口要全面，是惠及全体人民的小康。”[①] 脱贫攻坚是全面建成小康社会的标志性指标，党的十九大把精准扶贫作为三大攻坚战之一，“全面小康，覆盖的区域要全面，是城乡区域共同的小康”[②]。全面小康就是确保一个都不能少、一个不掉队。人人参与、人人尽力、人人享有的精准扶贫攻坚战，迫切需要榜样的引领，红旗渠就是摆脱贫困的典范。改变落后面貌是干出来的，不是等出来的。宏伟的目标需要扎实的行动，任何成功都不可能顺利取得，创造历史总是伴随着艰苦奋斗。林县人民所立足的这片乡土的底色是缺少光泽的，虽然它延续着一代又一代生命，但在它的深处埋下了祖祖辈辈难以撼动的贫穷之根。中华人民共和国成立之初，林县群众生活贫困，糠菜半年粮，与周边各县的群众生活没法比。周围其他县的群众对林县有这样的说法：“饿死饿活，不给林县人做活，早起稀汤配糠窝窝，晌午稀汤配黑馍，晚上煮点儿面条还捞不着。”缺水缺粮，造成地方病流行，比较突出的是甲状腺肿病，山区 70% 的群众都患上了这种病，群众就医难。贫穷还造成学校少，儿童就学难。有些山村相距较远，要翻山越岭跑很远的路去上学，家长怕孩子路上出意外，都不愿意让孩子去学校。山区供销点也很少，群众买日用品都要跑很远的路，山里的土特产运不出来，只能白白烂掉。跨越两省、绵延千里的红旗渠，历时十年修成，彻底扭转了林县人民的生存和发展困境，一举改变了林县人民的生活格局、生产格局、生态格局，一寸寸地浸润着、激活着这片乡土。

当年修建的造福人民的红旗渠，如今延展成为一种形而上的精神，红旗渠精神激励林州人民寻找新的后备资源来支撑整体经济动能的释

① 习近平：《习近平谈治国理政》第二卷，北京：外文出版社，2017 年，第 79 页。

② 同上书，第 81 页。

放。如今，林州人民凭着在修建红旗渠中所掌握的建筑技能和锻炼出来的胆识，充分发挥自己建筑业技能的比较优势，十万建筑大军冲出太行山，奔向全国建筑业大市场，树立了“林州品牌”，走出了一条脱贫致富的路子，稳定地解决了温饱问题。1998 年，林州市委提出了“修路、栽树、保护，让游客看青山绿水、蓝天白云”的旅游开发建设指导方针，打造以红旗渠为品牌的红色教育游和以北雄风光最胜处林虑山为依托的绿色生态游，形成了一“红”一“绿”的旅游品牌。进入 21 世纪，市委又提出了“以旅游促进开放，以开放促进发展”的指导思想。红旗渠在塑造山河外在美的同时，也带来了人流、物流、信息流，促进了第三产业的提档升级，带动了边远山区群众的脱贫致富，带动了城区向更高层次发展，带动了林州转变经济发展方式和调整经济结构。人没水不能生存，有水就有生命，有生命就要求发展，求发展就要有精神的支撑。红旗渠精神助推林州战太行、出太行、富太行、美太行，艰苦创业振兴经济，打破了贫困地区“地理环境决定论”的思维，使林县变林州，实现了从落后走向富裕、从贫困迈向小康的逆袭，走出了一条内陆地区贫困县发展的成功之路。

红旗渠精神是党全心全意为人民服务的理论结晶和实践结晶，既有理论指导、精神支撑，又有具体方法，是新时代聚合决胜全面建成小康社会正能量的需要。伟大的创业实践需要伟大的创业精神，在决胜全面建成小康社会的关键时刻，红旗渠精神始终具有激励人们艰苦创业、奋发图强的强大感召力，始终是我们迈向更高境界、奔向更远目标的精神力量。

4. 自觉实践党的思想路线的需要

党的十九大报告指出：“坚持解放思想、实事求是、与时俱进、求真务实”。[①]解放思想、实事求是的思想路线是我们党认识世界、把握形势的基本出发点，是我们党对马克思主义认识论和辩证法的发展、丰富和科学表达，是提高党的领导水平的保证。解放思想、实事求是，是红旗渠精神的核心和精髓，而红旗渠精神又是党的领导水平与时俱进的充分体现。没有思想上的解放，没有实事求是的科学态度，没有与时代相适应的领导水平，林县人民是不可能创造出红旗渠这个人间奇迹来的。

“解放思想，就是使思想和实际相符合，使主观和客观相符合，就是实事求是”[②]。解放思想、实事求是，是不可分割的整体。解放思想不是脱离现实的异想天开，也不是闭门造车的主观想象，更不是毫无章法的莽撞蛮干，解放思想的目的在于更好地实事求是。只有坚持实事求是，一切从实际出发，才能真正地解放思想，才能打破习惯势力和主观偏见的束缚，想前人不敢想的问题，走前人不敢走的路。思想不解放，不破除封闭保守的小农意识，山区的贫困局面是很难打开的。林县各级党组织和林县人民正是坚持这一科学的思想路线，才突破地域限制，眼睛向外看，从山西省引水。

修建红旗渠的成功就在于把冲天的干劲同科学态度结合起来，把敢想敢干同实事求是统一起来，使敢于创新、开拓进取的精神建立在实事求是的基础上。在浮夸风盛行之际，林县县委注重从实际出发，粮食产量不虚报，物质基础比较扎实，在最困难的时期，全县还有一部分储备粮和资金，这是敢于修建红旗渠这样大型工程的物质基础。在修渠过程中，县委还注重灵活决策，由最初全线开工调整为重点建设山西境内 20 千米渠道，在国家要求所有大型工程下马进行休整时，红旗渠工程既没有全部停工，也没有硬撑着干，而是实事求是，正视

① 本书编写组编著：《党的十九大报告学习辅导百问》，北京：党建读物出版社、学习出版社，2017 年，第 15 页。

② 邓小平：《邓小平文选》第二卷，北京：人民出版社，1994 年，第 364 页。

困难，留下数百名技术水平高、战斗力强的民工凿通了青年洞。这一切，为在困难时期修建红旗渠赢得了主动。“共产党员应是实事求是的模范，又是具有远见卓识的模范。因为只有实事求是，才能完成确定的任务；只有远见卓识，才能不失前进的方向。”[①] 没有解放思想、敢想敢干的坚定信念，没有实事求是、灵活机动地调整施工策略，要建成红旗渠是不可能的。党的思想路线是指引红旗渠建设、孕育红旗渠精神的指路明灯。

把调查研究的成果转化为正确决策的能力，治县理政，执政兴县，一切从实际出发，纲领和主张才会有长久的生命力。“谋事要实，就是要从实际出发谋划事业和工作，使点子、政策、方案符合实际情况，符合客观规律，符合科学精神，不好高骛远，不脱离实际。”[②] 从红旗渠规划设计、组织领导、施工管理，林县县委领导班子不浮躁、不急躁、不烦躁、不图名、不逐利，始终贯彻着实事求是原则。

离基层越近，离真理也就越近；离乡土越近，想问题、做决策、办事情也就越踏实。脚上有泥土，心中有底数。林县县委组成的勘测调查组踏遍山山水水，扎扎实实调查研究；谙熟县事民情，认认真真解决问题；明确努力方向，切切实实把老百姓放在心上。林县需要引多少水？漳河能供给多少水？红旗渠修多大才合适？县里的财力、物力、人力能支撑多大规模的工程？这一切都是通过充分的调研、掌握实情而作出的实事求是的科学结论。林县县委对灌溉水源、灌区范围、农田面积、作物种类等情况进行了详细调查，对灌区的地形、地貌、水文、地质、气象、土壤、人口、劳力、资金、器材等资料也进行了周密的分析、研究。同时，勘察引水工程路线，核定引水工程费用，确定克服困难的办法，

① 毛泽东：《毛泽东选集》第二卷，北京：人民出版社，1991 年，第 522 ~ 523 页。

② 习近平：《习近平谈治国理政》，北京：外文出版社，2014 年，第 381 页。

激发人民群众中蕴藏的建渠积极性，哪一项都要走到、看到、问到、想到。可想而知，这个调查研究过程包含着决策者的多少汗水和心血。只有通过艰苦的调查研究，才能掌握大量的第一手资料，并进行比较论证，求得正确认识，作出正确决策。

求真务实的核心是要遵循规律，久久为功，善作善成。按照中央关于“百日休整”指示要求，从 1960 年 11 月到 1961 年 5 月，红旗渠总干渠一直处于停工中。红旗渠何时复工，能不能复工，成为 1961 年 6 月 8 日召开的林县第三届人民代表大会第二次会议的主要议题。在讨论中，有的代表提出来，困难状况还没有完全好转，就续建红旗渠，而中央要求困难时期要爱惜民力，我们复工，上级会不会认为我们执行上级指示不坚决、不彻底？会不会责难我们？也有人说，在条件还不完全具备的情况下就动手干这么大的工程，这不是实事求是的态度。县委认为，条件是可以边干边创造的，果子长在树上，坐着就能摘到说明目标定得过低，这不是实事求是，而是惧怕困难；跳起来也摘不到说明目标定得过高，也不叫实事求是；如果跳起来就能摘到果子说明目标定得恰到好处，按照客观规律推进工作，不断创造条件，才是真正的实事求是。红旗渠就像树上的果子，我们跳一跳就摘到了，为什么不跳一跳摘下来呢？经过反复辩论，多数代表赞同县委的意见，会议通过了《关于号召全县人民紧急动员起来　战胜夏荒　力争秋季丰收和继续兴建红旗渠的决议》。根据决议要求，红旗渠的续建实行分期、分段、节节修通的措施，按照先小后大、逐步完成的办法制定方案。

事实是最好的教材，实践是有力的证明。第一期工程的实践证明，引漳入林是可以实现的，红旗渠是一定能修成的，同时林县县委也认识到，工程是异常艰巨的，打持久战是正确的，毕其功于一役是脱离实际的，蛮干要不得。在原计划中，要把红旗渠建成一条运河，将来可航行舟船，林县人上山西、山西人到林县以及双方的货物交流都可以乘舟往来。经过第一期工程的实践，证明这项设计是不切合实际的，县委果断取消了这一方案，把红旗渠定性为纯粹的引水渠道，纠正了原来脱离实际的规划。用发展的眼光看问题，在难题面前敢抓，在矛盾面前敢管，在风险面前敢闯，在实践中检验真理和发展真理，没有官僚主义，没有萎靡不振。干事创业是有规律可循的，既要主动进取，尽力而为，也要尊重客观，量力而行。尽力而为是气魄，量力而行是求真务实。县委对于总干渠的续建，不过度透支、不盲目、不过高估量。随着自然灾害的加重，上级要求要爱惜民力，集中力量搞好农业生产，度过灾荒。在这种情况下，县委稳健操盘，注意“力”的节奏和“度”的把握，把解决眼前利益与长远利益结合起来，采取农忙小干、农闲大干、常年不断的措施，使后方的农业生产与前方的渠道建设相互兼顾，相互促进，一段接着一段完，一年接着一年干，积小胜为大胜。

解放思想、实事求是就是认真做事不作秀，防止虎头蛇尾，要造福一方而不是造势一时。1966 年 5 月，在安排红旗渠配套工程建设的工作时，会议要求支渠配套建设要方便群众生活，要方便群众生产用水，要注重综合利用，要注意节约。在渠道选线上，要渠、路并行，不走耕地中间，使群众用水方便、工程量小、省工少占地，便于维护；渠道大小要因地制宜，不搞千篇一律，主要看这条渠经过多少个村、需要浇多少土地，需要解决多少人畜吃水；妥善规划哪里建加工站、建多少，哪里安装水磨、水碾，哪里搞水力发电，哪里安装水轮泵，有几个道路桥、几个种地过路桥，留多少群众到渠里担水的通道，留几个闸口，既要充分发挥渠水的作用，又要方便群众用水。林县县委全面规划、统筹推进，每一个阶段都有前一阶段打下的基础，这种递进式加跳跃式的施工，始终贯穿着求真务实的科学精神，没有辜负人民群众的信任，保证了奋斗成果惠及人民。

50 年前，林县党组织领导林县人民自觉实践了解放思想、实事求是的路线，深刻把握转化矛盾的能力，重新安排了林县河山。建设红旗渠是一次思想大解放，也是一次生产力大解放。我们应该在自觉实践党的思想路线的基础上，分析和把握红旗渠精神形成过程中转化矛盾的条件和方法，提高党的领导水平。在中国复兴的道路上，我们还面临很多难题。我们必须始终保持解放思想、实事求是、与时俱进的理论品格，深刻认知基本国情，更好实现改革的力度、发展的速度和社会可承受度的统一。要全面深化改革，就必须坚持解放思想和实事求是的有机统一，从实际出发，从人民群众的利益出发，既大胆探索又脚踏实地，保证我们遵循事物发展的内在规律，保持正确的发展方向。

5. 弘扬共产党人价值观的需要

习近平总书记在十八届中央纪委七次全会上强调，“要坚持共产党人价值观，不断坚定和提高政治觉悟”[①]。党的十九大报告进一步指出：“弘扬忠诚老实、公道正派、实事求是、清正廉洁等价值观。”[②]

精神的核心是价值观，红旗渠精神的核心体现了共产党人的价值观。作为一种价值观，红旗渠精神经过了实践的检验，是“现实的历史”，对于我们今天坚持共产党人的价值观具有重要意义。

忠诚老实

忠诚是老实的前提，没有忠诚的老实就是虚伪；老实是忠诚的表现形式，没有老实的忠诚，也是虚伪。忠诚是无数共产党人用信仰和理想、生命和鲜血淬炼的核心价值，成为共产党人的红色基因。说老实话、办

---

① 姜洁：《全面贯彻落实党的十八届六中全会精神　增强全面从严治党系统性创造性实效性》，《人民日报》2017 年 1 月 7 日，第 1 版。

② 本书编写组编著：《党的十九大报告学习辅导百问》，北京：党建读物出版社、学习出版社，2017 年，第 50 页。

老实事、做老实人是中国共产党人的一贯追求。当年的林县共产党员忠诚于党，忠诚于人民，忠诚于社会主义事业，谋事求实、创业踏实、做人朴实。他们深知，党开创的社会主义事业，不是空洞的信仰，而是中国社会发展的必然选择。林县党员干部甘于做铺垫性的工作，甘于抓未成之事，志向高远，勇敢无畏，不怕失败，从林县的实际出发，从林县人民的意愿出发，为改变林县贫穷落后的面貌，在各方面条件都不具备的情况下，毅然带领全县人民投身于红旗渠的建设，用行动彰显了共产党员对忠诚老实的价值追求。

正如习近平同志所说："红旗渠、三北防护林等大工程，都是几代人一以贯之而成的。如果有个人的私心杂念，政策朝令夕改，是完成不了的。"[①] 历史和现实一再证明，忠诚老实的炉火能冶炼真金、陶冶英才。红旗渠上的共产党员老老实实为党分忧、为党担责、为党尽责，为人民尽忠，他们忠诚老实的价值观穿越历史，把这一价值导向传给了今天的我们，启示我们在自己的时代寻找生存与生活、创造与改变的奥义。

公道正派

公道就是公平、客观、合理，遵循事物发展和人类社会的基本法则，尊重事物的本来面目；正派即作风、品行规矩、光明、严谨，符合道德规范。崇高的价值目标要依靠具体的人格和行为来体现，反过来，良好的人品和行为又可以丰富生生不息的崇高价值。公道、公正、公心、公平和正派、正道、正直、正己是共产党员的价值信守和基本准则。在共产党员的价值信念上，公道正派就是一心为公、为民造福，践行党的"全心全意为人民服务"宗旨。"全心"代表纯粹，"全意"代表至诚。当年的林县干旱缺水、贫穷落后，林县党员干部"纯粹""至诚"地带领人民修渠，完全是出于自身的觉悟性、主动性和积极性。他们不避风险，不谋私利，

① 习近平：《之江新语》，杭州：浙江人民出版社，2007年，第87页。

县委书记杨贵、县长李贵与修渠民工一起劳动

不讲私语，不做“墙头草”“变色龙”，时时问计于民、事事问需于民，人民有所呼，就有所应，把人民群众反映最突出、最集中的问题作为自己努力的方向。修渠为了谁、依靠谁，这是关系到修渠目的与动力的重大问题。认清了修渠的力量之源和最终目的，就能激发起攻坚克难的强劲动力，朝着目标砥砺前行。“政在去私，私不去则公道亡。”在修渠安排上，林县各级党组织不是强迫命令，搞瞎指挥，而是以平等为基，依据各个公社的受益面积来分配工程量，做到了公道分配，使修渠的干部群众都能愉快接受；在修渠过程中，党员干部大公无私、公私分明、先公后私、克己奉公，与人民同甘共苦、团结奋斗，做到了正派正己，充分彰显了“公道正派”这一价值观念对共产党员的影响力、约束力，筑就了一道立党为公、执政为民的丰碑。今天，我们在前行的路上仍然面临着诸多矛盾、困惑，此时，我们更需要弘扬当年林县党员干部修建红旗渠时所体现出来的公道正派的价值观，从中领悟大道，寻找正道。

实事求是

坚持实事求是的价值观，要求党员干部加强调查研究。毛泽东同志在 1930 年 5 月所写的《反对本本主义》一文中，提出了“没有调查就没有发言权”的著名论断。1931 年 4 月，他又进一步提出：“我们的口号是：一，不做调查没有发言权。二，不做正确的调查同样没有发言权。”[①] 调查研究的目的是掌握真实情况。林县县委作为林县人民的领导核心，不唯上、不唯书、只唯实，通过“摸太行山的脾气”，了解林县的真实情况，弄清了林县的优势在哪里、短板在哪里，提炼出了一个经得起质疑的解决林县缺水问题的方案，保证了决策对路、方法有效，从而得民心、顺民意，解决了林县缺水的实际问题，改变了林县的面貌。

倒推成功的原因，向来比成功本身容易得多。修建红旗渠并没有现

① 毛泽东：《毛泽东选集》第一卷，北京：人民出版社，1991 年，第 118 页。

成的道路，都要靠摸着石头过河。修建红旗渠的过程就是坚持实事求是价值观念的过程，是不断根据时代与任务的变化主动赢得蜕变与涅槃的过程。当前，我们的工作中仍面临不少困难和挑战，发展不平衡不充分的一些突出问题尚未解决，这个问题的解决需要党员干部坚持实事求是，深入一线调查研究，吃透实际情况，找准制约因素，探求破解之策，解决现实问题；需要遵循客观规律，敢想不臆想、敢干不蛮干，从事物发展的基本走向和内在逻辑出发，力求思路和举措有的放矢，做到长远规划与阶段计划相衔接、目标制定与过程控制相统一、全面推进与重点突破相协调，滴水穿石，久久为功。

清正廉洁

对于共产党员来说，清正廉洁融合了党和国家对党员干部的理政施政要求，是信念，更是守则。红旗渠廉政文化的本质就是为民、务实、清廉。在红旗渠建设中，林县党组织把反对贪污腐化的制度作为领导干部清正廉洁的保障。十年修渠工程建设总投资 6 865.64 万元，累计消耗钢材 123.5 吨、水泥 6 705 吨、炸药 2 740 吨，没有出现一例贪污事件，没有发生一例挥霍浪费行为。在红旗渠纪念馆展框中保留着几张票据，我们可以此一窥当年修渠工程背后缜密的管理系统。1963 年 4 月 29 日的发货票证显示，当时购买了 125 根钢钎，总价 375 元。爆破石头的炸药量也都是有数的，根据石头密度不同，规定的炸药使用量从 2 两到 6 两不等。修渠物资分类管理，出入有手续，调拨有凭据，月月清点，靠制度管理权、物、钱的措施，从源头上预防和杜绝了腐败。每位党员干部有着贯穿历史的大视野和观照家国的大情怀、大格局，才能时刻以更高的道德标准约束自己，把纪律和规矩挺在思想认识的前沿，把清正廉洁挺在思想认识和从政道德的前沿，绷紧思想上的敬畏之弦、政治上的纪律之弦，时刻严于律己，认识到手中权力是党和人民赋予的，从而为党分忧、为国干事、为民谋利。

红旗渠精神从红旗渠建设的实践中来，是共产党员价值观的实证性表现。就这个意义上来讲，红旗渠精神积十年之功产生的文化价值效力，对于大力推进党内政治文化建设，使党员干部在工作中涵养和践行共产党员价值观具有重要启示作用。

第三章

不忘初心见精神

中国共产党是为崇高理想奋斗的党，从一成立就以改天换地的气概，一心要在这块古老土地上创立一个崭新合理的社会。为中国人民谋福祉，为民族谋复兴，这是中国共产党的初心和使命。党的十九大报告指出，在全党开展“不忘初心、牢记使命”主题教育，推动全党更加自觉地为实现新时代党的历史使命不懈奋斗。“治国有常，而利民为本”。我们党来自人民、服务人民，党的一切工作都必须坚持以人民为中心。全心全意为人民服务是我们党的根本宗旨，是我们党一切行动的根本出发点和落脚点。作为一个地方党组织，林县县委带领全县各基层党组织以全心全意为人民服务的根本宗旨，相信人民、依靠人民、为了人民，权为民所用，利为民所谋，情为民所系，以修建红旗渠践行初心和使命，解决了人民群众普遍关心的突出问题。

第一节　不忘初心、牢记使命，树立正确的权力观

中国共产党人的权力观是要把广大人民群众的根本利益放在最高的位置，为人民执好政、掌好权。从某种意义上来讲，权力观是观察领导干部群众观最直接、最集中、最具体的窗口，一心为公，立党才能立得牢，一心为民，执政才能执得好。领导干部要真正做到权为民所用，首先要树立正确的权力观，要对权力的来源、本质、使用有正确的认识，这是不忘初心、牢记使命的前提。

1. 一切权力必须服务于人民

我国是人民当家作主的社会主义国家，国家的一切权力属于人民。党和政府各级领导干部的权力不是自己谋取的，也不是某个利益集团赐予的，而是人民赋予的，只能用来为人民谋利益。如何对待权力说到底是一个如何树立正确的人生观、世界观、价值观的问题。2002 年春天，

中央电视台新影制作中心在摄制电视片《人造天河》时，采访电影纪录片《红旗渠》的摄影师赵化，他讲道："林县再缺水能渴到县委书记吗？杨贵完全可以当几年太平官。他这样做是出于一个共产党员的责任心，为了人民群众的利益。"领导者推动时势和历史前进，很大程度上取决于是否展现出崇高的价值导向。共产党的干部就要想群众所想，急群众所急，为人民谋利益就不能怕苦怕累怕担风险。引漳河水入林县，从根本上解决林县水资源短缺就体现了党为人民谋利益的根本宗旨。

树立正确的权力观，关键在用好权。要用好权，就要自觉地以人民的利益为最高利益，在条件不具备的时候，要创造条件为人民谋利益。"我们的同志在困难的时候，要看到成绩，要看到光明，要提高我们的勇气。"[①]困难只能吓倒平庸者，吓不倒进取者。当时修建红旗渠虽然面临严重困难，但林县县委也看到了比较优势和有利条件。比较优势有两条：一是人心思变，人心思水，人们再也不愿那样过，再也不愿那样活；二是林县人民在长期同穷山恶水打交道的过程中，掌握了工艺专长，不缺工匠。从有利条件来看，一是有人，二是有空间，三是有一定的钱粮作保证，四是有部分工具可以利用。这些比较优势和有利条件就是修建红旗渠的底线。在守住底线的基础上，县委积极作为，不断创造有利条件，不断前进。工地需要芦席，县长李贵就到生长芦苇的淇河边的泽下公社上庄大队，组织群众编芦席。他与群众一起研究改进编织芦席的技术和工艺，使芦席铺地上能隔潮，搭工棚不漏雨，圈面粉不漏面还透气。工地上需要大量抬筐，李贵又找到善于编箩头的泽下公社阳和大队。这里的群众只编过农家生活用品，没编过生产用的抬筐，他就又和群众共同试编，探索出了合适的抬筐尺寸，形成了标准，投入了批量生产，源源不断地送到工地，保证了工地需求。

---

① 毛泽东：《毛泽东选集》第三卷，人民出版社，1991 年，第 1005 页。

内因是变化的根据，外因是变化的条件。林县县委和林县人民立足本地条件，依靠自己的力量改变自己的命运，赢得了普遍的尊重，也赢得了外界的支持。在河南遭遇自然灾害时，林县在同样遭灾并还要修建红旗渠的情况下，主动拿出 1 000 万斤粮食支援灾区，正是由于这个具有政治远见的义举，为后来红旗渠的修建在最困难时期得到河南省委政治上、经济上的支持打下了基础。

1963 年 3 月，林县县委向省委请示把红旗渠灌溉工程列入国家基本建设项目，省委指示由省水利厅拿出方案。当年 4 月，省水利厅决定由水利厅勘测设计院进行现场查勘。6 月，水利厅勘测设计院编写报送了《红旗渠总干渠地质报告》。省水利厅研究该报告后，决定对红旗渠灌溉工程开展全面勘测设计，由省水利厅勘测设计院联合安阳专署水利局、林县水利局的技术人员组成红旗渠工程项目现场设计组。6 月 30 日，联合勘测组向省水利厅报送了《河南省引漳入林灌溉工程续建设计任务书》，省水利厅将该工程项目报送国务院水利电力部。12 月 25 日，国务院水利电力部批复，同意续建红旗渠灌溉工程。从此，红旗渠灌溉工程正式列入国家基建项目，在资金上得到了国家的支持。在红旗渠灌溉工程建设总投资中，国家投资 1 025.98 万元，占总投资的 14.94%，保证了工程的顺利建设。

林县党组织把依靠自己的力量与充分利用外援有机地统一起来，红旗渠建设的内外环境越来越得到优化，自力更生的能力越来越强，创造了外因转化内因的条件，肩负起了代表、实现、维护林县人民利益的责任，切实地践行了权为民所用的权力观。

2. 一切工作都要对人民负责

权力来自人民，权力的本质是责任，有多大权力就有多大责任，有多大责任就有多大担当，有多大担当就能干多大事业。“我们的责任，是向人民负责。每句话，每个行动，每项政策，都要适合人民的利益，如果有了错误，定要改正，这就叫向人民负责。”[①] 红旗渠是在当时极端困难的情况下决策修建的大工程，很多尖锐的问题摆在面前，但林县县委没有遇到问题绕着走、碰到矛盾躲着走，而是以实事求是的态度积极进行调查研究，敢于负责，勇于担当，善于作为，把为人民服务的宗旨落实到了行动上。

一切工作都要对人民负责，领导干部就要带头干事创业、带头服务群众，以榜样的力量影响群众。职位权力的强弱并不完全取决于职位本身，而与领导者的率先垂范密切相关。“党是整个社会的表率，党的各级领导同志又是全党的表率。”[②] 在修渠民工队伍中，走在最前面抬着杠子运送石料的有林县县委一班人。从县委书记、县长到各级领导干部，都扛起工具和群众一起抡锤打钎。作为党的领导干部，就是要为人民多做些事，并且始终要做到权为民所用，让权力带给人民和社会以福祉，这是作为党的领导干部的基本职责。1961 年 6 月 10 日，红旗渠复工，在第二期工程工地，不论天气多么炎热，第二任工地党委书记、总指挥长王才书每天都在各分指挥部工段奔波，现场解决问题。他以生产领导生产，在深入实际中实施正确的领导，对施工的整体情况和各分指挥部领导班子具体情况都了然于胸。他每天都在工地上盯着，一切情况都装在他的脑子里，始终保持着一种知难而上、奋发有为的精神状态。

责任是使命的召唤，是能力的体现。林英洞是临淇分指挥部工段的一块硬骨头，这个 145 米长的隧洞整体上属卵石地质，为增强洞顶的承载能力，设计为双孔洞。当切开洞口卵石土层后，却遇到了石英砂岩层，

① 毛泽东：《毛泽东选集》第四卷，北京：人民出版社，1991 年，第 1128 页。
② 邓小平：《邓小平文选》第二卷，北京：人民出版社，1994 年，第 177 页。

硬不可凿。再往里凿，又遇到岩浆砾，钢钎凿处，火星四溅。开凿到隧洞中间，遭遇的是流沙层，不凿自塌，有劲儿使不上。已经开凿两个月了，才掘进十几米，影响全工地的进程。红旗渠第三任总指挥长、副县长马有金亲自到林英洞工地了解情况。他没有听汇报，而是与民工一起进洞挖掘，彻底融入到民工中，在共同的劳动中与大家拉近了感情，民工们和他无话不谈。普通民工与县长之间的界限消除了，民工们不再称他县长，而是亲切地叫他老马。马有金与群众同劳动、同生活，找到了工程施工缓慢的症结。他立即连续召开干部会、党员会、民工会，有针对性地、严厉地批评了干部中存在的享乐主义、官僚主义、脱离群众的恶劣作风，要求所有干部通通到施工第一线参加劳动；要求党员发挥模范带头作用，作群众的表率；鼓励群众对干部进行监督。马有金对干部并不是一批了

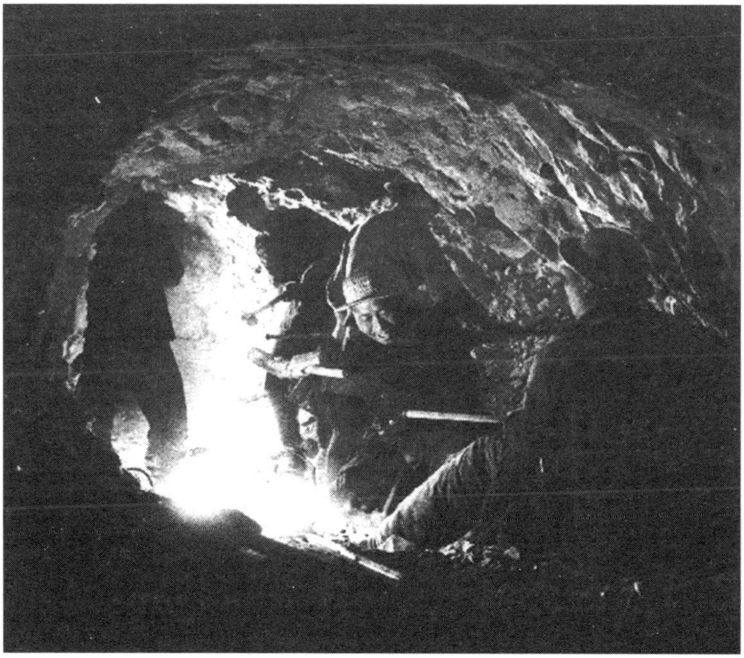

在红旗渠工地上，干部与群众同吃、同住、同劳动、同学习，共同商量解决问题。副县长、红旗渠总指挥部指挥长马有金，与修渠群众一起抡锤打钎，开凿隧洞

事，而是根据他这段时间了解的情况，与分指挥部和营、连干部共同商量改进施工的措施，帮助分指挥部解决施工所需的工具、物料，改变掘进和垒砌各顾各的方式，实行新的劳动组合，分成掘进、垒砌、备料三条专业化生产线。从分指挥部领导到各营、连干部要各分包一个方面，实行领导、技术员、劳力三固定。一马当先，万马奔腾。干部负责带了头，群众更加有干劲儿。林英隧洞由过去的日进 1 米提高到日进 3 米，仅仅 1 个月时间，林英隧洞胜利凿通。

责任是一种精神，更是一种品格。党员干部的责任意识就像一面镜子，可以照见心中是否装着党、装着人民。党员干部以富有成效的方式，创造性地推进新的实践，在实践中落实权力的本质就是责任的理念。

第二节　不忘初心、牢记使命，树立正确的政绩观

政绩是领导干部在履行职责的过程中创造出来的成绩和贡献，是领导干部德才素质在实践中的综合体现。所谓政绩观，就是对政绩的本质、目的、内涵和要求的整体看法与根本观点，包括什么是政绩、为谁树政绩、如何树政绩和怎么衡量政绩等问题的认识和态度。以古鉴今，政绩观也是历史悠久，不绝史册。《战国策》中“燕王吊死问生，与百姓同其甘苦。二十八年，燕国殷富，士卒乐佚轻战”。明万历二十四年(1596)，林县知县谢思聪主持修建了一条长 9 千米的小毛渠，可供 40 多个村庄的民众吃水，群众对他感激不尽，为让后人记住谢知县的恩德，人们把他主持修建的渠叫作谢公渠，在渠首的洪谷山中建了一座谢公祠，至今香火不断。这是人民群众对待官员政绩的一种态度。只有利为民所谋，把人民的疾苦放在心上，才能创造出惠及广大人民群众的重大政绩。

1. 为民当谋千秋业

从历史角度看，中国历史一直与治水密不可分。大禹治国先治水，李冰父子治蜀也是治水，西门豹治邺同样治水。在干旱缺水的林县，治县第一要务是治水，于是有了红旗渠。红旗渠可以说是中华民族几千年治水历史的一个延续和再现，也是中华民族治水史上的一个典范。

政绩观的要义就是要把人民的利益作为谋求发展的出发点和落脚点。因此，树立正确的政绩观，就要坚持人民立场，必须要有正确的政绩观：一要办人民群众需要的事，不能摆花架子，搞面子工程，如果只做表面文章，会很危险，群众会对党失去信心；二要亲自带着群众干，不要老想着捞好处、立功树碑，功过得失，人民自有公论。每一名共产党员，尤其是担任领导职责的党员，要能够从群众的根本利益出发，切实解决群众关心的问题。

“领导干部要以正确的政绩观为指导，抓好各项工作。‘功成不必在我’，要甘于做铺垫性的工作，甘于抓未成之事。”[①]

1950 年 5 月，林县县委、林县县政府责成县建设科对浊漳河水源进行考察。县建设科干部栗云祥带领技术人员徒步从浊漳河源头开始，对水源、流量、开渠引水点、入林渠线、灌溉面积、所需投工投资进行考察和概算。1951 年 11 月，在全县各界人民代表大会上，全体代表投票通过了引漳入林议案。1952 年 5 月，林县召开各界人民代表大会，任村区副政委李运宝与盘阳村的农民代表卢庆祥一起向大会提交了《引漳河入林县灌溉土地》的提案。这个时候，中华人民共和国成立还不到 3 年，百废待兴，再加上 1952 年 11 月撤销了平原省，林县又归河南省管辖，引漳河水入林县这件事就搁置了。从 1950 年林县县委开始

① 习近平：《之江新语》，杭州：浙江人民出版社，2007 年，第 87 页。

动议到 1959 年 10 月 10 日决议实施引漳入林工程，其间经历了几任书记、县长，一届接着一届运筹，从红旗渠开工到竣工，又经历了 10 年。真正的政绩就是认真做事不作秀，久久为功。

红旗渠引来漳河水，把之前所修建的遍布全县的渠、库、池、井联成一体，激活了这些付出艰辛劳动建成的水利设施，形成了能蓄、能灌、能排、能发电，相互调节、综合利用的水利网络，使红旗渠成为一渠水、一渠粮、一渠电。1998 年 12 月 9 日，著名的国学大师南怀瑾先生，在与一批青年学者探讨南水北调时谈到了红旗渠。他说："以一县之力，几乎赤手空拳，积十年之功，成千年之业，壮哉，伟矣，善哉！佩服！佩服！"①

有的官员可能会认为，功成若不在我，岂不是为他人做嫁衣？如果费尽辛劳、于己无利，何苦为之？不难看出，这是一种"私理"而非"公理"。俗话说："桃三杏四梨五年，要吃核桃等九年。"果实收获前必须经过长时间的培育，这是客观规律。政绩也是如此，那些顾大局、打基础、利长远的事，通常都是周期长、投入多、见效慢，功成之前鲜为人知。

领导干部是人民的公仆，要像林县各级领导干部带领群众十年如一日修渠那样，既要做让老百姓看得见、摸得着、得实惠的实事，又要做为后人作铺垫、打基础、利长远的好事，既要做显功，也要做潜功，不计个人功名，追求人民群众的好口碑、历史沉淀之后的好评价。

2. 为民当谋百年计

修建红旗渠的出发点是为人民谋根本利益，落脚点是致力发展，必须立足于百年大计，高质量建设。

---

① 邓英淘、王小强、崔鹤鸣等：《再造中国》，上海：文汇出版社，1997 年，第 389 页。

天下大事，必作于细。做大事要有周密的计划，而周密的计划离不开细节。就红旗渠工程来说，工程细节上百分之一的缺陷，可以导致百分之百的失败。质量是红旗渠的生命，质量的好坏取决于管理，管理得好，才能达标。对于整体发力、多点支撑的施工格局，总指挥部不驰于空想，不骛于虚声，深刻把握施工实际，严谨把控工程质量，加强施工中的技术管理、制度管理、人员管理。

为确保工程质量全程可控，1960 年 3 月 25 日，总指挥部根据垒砌施工的具体情况，发布了《关于红旗渠总干渠上段垒砌施工须知》，使施工过程全程监管有了依据。须知所说的总干渠上段指的是第一期工程，从工程标准、和浆砌石施工细则两个方面明确了施工标准，确立了工程质量制度。

工程标准对于渠道工程作出了详细要求。在难于修筑的工段，将原设计的纵坡 1/8 000 改为 1/3 620，在加大流速的基础上，渠道宽度由 8 米改为 6 米。渠道依据不同的地形采用的断面也不同，有矩形断面、梯形断面和半矩形半梯形断面，不同断面的渠道都有详细的垒砌规定。对于渡槽砌筑、渠道地基处理也都做了严密细实的规定。

红旗渠全为石砌建筑，砌石方量是巨大的，而总干渠第一期工程的标准将对红旗渠的后续工程产生决定性影响，因此对于垒砌所需石料的选择和加工规定得清清楚楚。垒砌主要用片石、块石、料石、拱石，必须石质坚硬，清除掉石面泥土和风化杂质。料石用于砌筑渠墙内外表层，六面加工五面，主面要求加工细致，对口严缝，不能缺角，其长、厚尺寸要比背面稍大；主面各边要互相垂直，厚度不得小于 20 厘米，其长度应大于厚度 1.5 倍，宽度应大于厚度 1 ～ 1.5 倍。片石主要用于渠墙砌体填腹，每块重量不得小于 15 千克。所用块石必须大致方正，上、下面平整，石面不得有尖锐的突角，每块不得小于 30 千克，厚度不得小于 20 厘米，长度、宽度不得小于厚度。拱石主要是按照样板锻料，长度应大于厚度的 1.5 倍。

任何制度都是靠人来执行的，红旗渠的垒砌施工标准是通过广大民工在一块块石头的垒砌中实施的，每一块料石、每一锨灰浆都关系到红旗渠的百年大计，要使民工能够深入理解垒砌的质量标准，就要把深奥的术语变成他们能够明白的语言。各分指挥部根据砌筑程序，编写了民工易懂易记的口诀，确保质量意识内化于心、外化于行。

清基：

测好平、放好线，清基清透劈够宽；
渠底见硬不见暄，验收批准垒渠岸。

备料：

六面石头五面净，对头接触二公寸[①]；
合拐尺、对口缝，斗板石头不能用；
怪口石头不上墙，料石压腹长五寸[②]。

拌浆：

淋好灰汤选好土，泼层灰汤上层土；
闷大堆、和好泥，当天不使当天泥。

---

① 公寸：非法定计量单位，相当于法定计量单位分米。

② 寸：非法定计量单位，1 寸相当于 3.333 厘米。

垒砌：

选好石、理好料，怪口斗板都不要；
冲直鼓突墙分层，先大后小往上行；
每隔三米一纫石，缝隙留它二公分[①]；
工字缝、鞔顶口，层层把墙垒结实。

填腹：

使足泥、选好石，大面朝下用立石；
抄手缝、挤足泥，一推二揳砌结实；
大锤砸、小锤夯，石头圆圈挤出浆。

做事要追求极致，关键在执行力。总指挥部从始至终抓领导蹲点、样板领路、评比检查、召开现场会等环节，干部分工包干抓质量，抓劳动组织，抓分段施工，要刻石留名，实行责任终身制。

宏大工程，重在抓细节，必须环环抓，从细处入手，养成习惯。验收评定工作是对工程质量的直接把关，每一道工序都经过三次验收：先是各民工连自己验收，然后是各分指挥部组织各连队的施工员和技术员组成验收组对各连进行验收，最后是总指挥部验收。验收时，先让民工背诵相应工序的施工要领口诀，再进行总体查看，然后是掀开垒好的料石抽查，确保不留死角。如果没有达到要求，就要拆掉重来，返工不计工，领导还要作检讨。

要判断一个组织和个人为谁创造政绩，怎样创造政绩，主要是看其

① 公分：非法定计量单位，相当于法定计量单位厘米。

行为动机、目标结果，特别是看其行为对自身和公众利益的影响。主政一方的党员领导干部的地方治理，仅有昙花一现的政绩是不够的，要能把政绩化为一种长久的生活方式与精神，从而让一方水土具有了朝向美好的、能经得起时间检验的风俗性，才是最好的政绩。利民一时勿谋，利民万世则谋。正确的政绩观不急功近利，不投机取巧，不追求短期效益，做的是打基础利长远的事。

3. 时刻想着让人民群众得到最大实惠

“政”乃众人之事、公共之事，“绩”乃成就、功业。领导干部谋政创绩，是为人民群众应尽之责、应有之为，之所以能够创造政绩，是因为履行人民的意志、得到群众的支持。红旗渠建设的原动力就是求生存、促发展、富百姓，因此，人民群众从红旗渠建设中不断得到实惠。

1966 年 5 月，在三条干渠相继竣工后，对支渠、斗渠、农渠、毛渠的施工实行“修渠又修路，少占地，不毁树”的原则，选渠线一是要渠、路并行，不走耕地中间，浇地用水方便、工程量小、省工少占地，便于维护；二是渠道大小要根据经过多少个村、需要浇多少土地、需要解决多少人畜吃水、多长时间能轮灌一遍土地来决定；三是安排好哪里建加工站、建多少，哪里安装水磨、水碾，哪里搞水力发电，哪里安装水轮泵，有几个道路桥、几个种地过路桥，留多少群众到渠里担水的通道，留几个闸口，既要充分发挥渠水的作用，又要方便群众用水；四是召开灌区群众会议，把方案交给群众，广泛听取群众意见，满足群众要求。

施工中的支渠、斗渠、农渠、毛渠纵横分布田间，开挖渠道会造成渣土堆积，占压耕地。各级党组织在领导群众修渠时，就将弃土用于垫高低洼耕地，弃渣用于修路，做到渠成不见渣土，路直地平。一干渠十二支渠将挖出的弃土、弃渣垫了路基，新造了部分土地，渠、路并列通直，提高了路面质量，扩大了耕地，并按渠线重新规划了田间小路，整理了过去不规则的凌乱小道，方便了耕作、灌溉。

红旗渠竣工后，县委并没有沉醉于已有的胜利，而是要求县、公社、大队各级党组织对“有水以后怎么办”进行大讨论，在讨论中主要算三笔账：高产稳产需水账、红旗渠引水账、渠水的有效利用账。通过从上到下的讨论算账，找到了存在的突出矛盾：全年算账引水有余，春秋集中用水期来水不足，水的综合利用差，潜力挖掘不够。要解决这个矛盾，县委调动公社、大队沿渠线修建“长藤结瓜”式的水库、池塘等蓄水工程，利用非灌期将渠水放入水库、池塘蓄存起来，灌溉期引出使用，缓和了灌区作物集中用水时的紧张局势，扩大了其他时节的灌溉面积。正确的政绩不是靠玩花样玩出来的，不是靠笔杆子写出来的，也不是靠喊口号喊出来的，而是靠真抓实干做出来的。

以人民为中心的政绩观，就是急人民所急，想人民所想，不断增强人民的幸福感、安全感。红旗渠引来幸福水，但渠线以上高地的村庄还存在着吃水和灌溉用水的困难，需要建立电灌站、扬水站，将渠水提上高地，解决渠线上群众吃水、用水问题。县委因地制宜，根据不同高程、不同需水量，建设相应的抽水站、机灌站、扬水站。在红旗渠跌水、陡坡处，林县各级党组织充分利用红旗渠的各种水能来修建水电站。当马达终于响起、电灯发亮的那一刻，许多深居大山的人们第一次看到电的光亮。也正是凭着小水电站提供的动力，全县的化肥、钢铁、机械、水泥、矿业迅速发展，初步形成了小型工业体系。林州今天经济建设的基础，很大一部分是在这个时期建设起来的。

领导干部所有的政绩都是在为人民服务的过程中取得的，是在为实现祖国繁荣富强的艰苦奋斗中取得的。时代在发展，形势在变化，站在中国特色社会主义新时代的历史方位上，要创造无愧于新时代的政绩，就要遵循正确的政绩观。坚定立场是新时代政绩观的基本要求，以人民为中心是新时代政绩观的根本出发点，坚持实事求是是新时代政绩观的重要保障，高质量发展是新时代政绩观的落脚点。只有这样，新时代的党员干部才能像当年修建红旗渠的林县党员干部那样，在历史大考中，向党和人民交出满意的答卷。

第三节　不忘初心、牢记使命，树立正确的群众观

正确的群众观，最终体现在服务群众的现实能力和水平上。坚持以人民为中心，说一千道一万，最终要转化到服务群众这一根本点上。让劳动者有尊严，才能让劳动者创造出有尊严的劳动成果。红旗渠工地上党的各级领导干部关心修渠群众的吃饭问题、穿衣问题、住房问题、疾病问题，把抓好群众生活放到与抓好思想、抓好生产一样的高度。尽管当时粮食紧张、物资短缺，各级领导干部还是千方百计解决修渠群众的困难。在修渠民工到来之前，城关公社社长、城关分指挥部指挥长史炳福就组织干部找好了 330 间住房。在红旗渠修建中，各分指挥部领导采取实际的具体的工作方法，保证修渠群众吃饱、吃好、吃得干净卫生，定期不定期开展评比检查，促进生活质量的提高。在粮食最困难的时期，林县县委派人到福建的漳州、龙溪地区求援，当地支援了大量的木薯干，同时，派人找湖南省、广东省求助，在兄弟省的帮助下，筹集了一批碎大米，解决了修渠民工生活中的一个大问题。全心全意为人民服务具有丰富、

深刻、系统的科学内涵和要求，不仅有宏观的内容，也有微观、具体的内容，只有微观、具体的内容，才能支撑起那些宏观的内容。

人民群众是历史舞台的主角，是书写历史的主人，是推动社会进步的主力。树立正确的群众观，就要将党员干部置身于群众之中，接受群众监督，在人民群众的广泛监督下约束自己，管好自己。要接受群众监督，就要让群众知道为什么、干什么、怎么干。红旗渠开工时，总指挥部就将《引漳入林工程施工方案（草案）》下发，召开群众大会，让每个民工都了解工程的工程量、经费物料预算数额等，让群众知道要干什么、怎么干，将会有什么困难以及所要采取的措施。

1960 年 3 月 6 日至 7 日，中共林县引漳入林委员会在盘阳召开扩大会议，决定对红旗渠施工计划实行战略性调整。1960 年 3 月 9 日至 10 日，红旗渠总指挥部召开了全线民工代表会议，将党委的决议交民工代表审议，民工代表对党委的决定进行了热烈讨论，民主通过了建好红旗渠的 13 项决议。

红旗渠总干渠第二期工程开工时，总指挥部再次下发了施工方案，向群众说明了各个公社的劳力数量、工程总量、需投工数量等。对包工定额、资金使用、物资调配、粮食补助等所有账务一律公开，让群众知道主管机关是如何分配工程量的，有没有不公平和失职的地方。

每期工程结束后，红旗渠党委都要向群众报告本期工程投资投工数额、完成工程总量、物资消耗数量、施工措施的得失等，让群众评议。从总指挥部到各施工连队，各级财务的收支都要公开，不定期查账，任何人都可以要求查账。查账人员是从群众中选出的有一定财会知识的民工，一切都置于公开之下。在众目睽睽之下，为个人利益篡改账目是极为困难的，贪污浪费几乎是不可能的。

在红旗渠上，把群众监督置于施工生产、施工管理的全过程中，实现了群众的无缝监督。每天晚饭后，各连队都要召开全连民工会，对当天的施工情况进行评议。施工方法是否得当，物料消耗是否合理，领导干部是否称职，谁偷懒耍滑、谁劳动积极，挨个评议，进行批评和自我批评。群众建议减少非生产人员，总指挥部就精简机关工作人员，所有机关干部和后勤工作人员都到第一线去，加强修渠第一线的力量。医务人员不能坐等伤病人员上门，而是要带着药物器械到一线，有伤病员当场救治，没有救治任务就与民工一起劳动。小卖部售货员、理发员、钉鞋人员也要带着商品和工具在工地边劳动边服务民工。炊管事务人员也要先到工地劳动一阵子再回去做饭。在红旗渠建设中，工地党委尊重群众的话语权，多让群众说话，多听群众说话。干部到一线参加劳动，不是摆摆样子就行了，所有干部在一个连队劳动一段时间后，都要由这个连队的民工作出鉴定。县委对各部部长、秘书，各委正、副主任，县直机关正、副科长，各局正、副局长，公社党委书记、社长参加劳动天数进行公布，并形成一季度公布一次的常态化公布制度，让干部特别是领导干部接受群众监督。

不忘初心，方得始终。各级领导干部以正确的权力观、政绩观、群众观践行初心，才能创造不负时代的丰功伟绩，实现使命。“一切向前走，都不能忘记走过的路；走得再远、走到再光辉的未来，也不能忘记走过的过去，不能忘记为什么出发。”[①]我们今天之所以坚持弘扬红旗渠精神，就是为了不忘初心，永远不迷失方向和道路。面向未来，面对挑战，我们要做的就是“不将今日负初心”。

---

① 习近平：《习近平谈治国理政》第二卷，北京：外文出版社，2017年，第32～33页。

第四章
伟大梦想在精神

青年洞

“一心中国梦，万古下泉诗。”从南宋德祐二年（1276）爱国诗人郑思肖的吟诵到今天的宣示，曾经遥不可及的梦想，正在我们的团结奋斗中不断接近，“两个一百年”的目标，已是“望得见桅杆尖头了”的航船，是“已见光芒四射喷薄而出”的红日。然而，离目标越近，前进的阻力就越大，道路越艰辛，越要警惕功败垂成。当代中国面临的挑战前所未有，遇到的阻力从未如此之大。从国内来看，我们处于决胜全面建成小康社会和全面深化改革开放的进程之中，发展不平衡、不充分的一些突出问题尚未解决，改革遇到的是“硬骨头”和“险滩”，深化改革必须克服重重难关、化解种种风险。从国际来看，我们也遇到了一些重大阻力和风险。面对挑战和阻力，克服错综复杂的矛盾和困难，我们必须有坚强的精神支柱，以顽强的拼搏精神改变不利态势，用自力更生、艰苦创业换来美好前景。

第一节　红旗渠精神为中国梦注入正能量

在红旗渠渠岸行走，放眼万壑群峰、高山长渠，我们无不为当年这种修建红旗渠的精神力量所震撼。红旗渠是一条滋润中国梦之渠，红旗渠精神是催人振作、奋发、昂扬的一种精神，是保持生机和活力的源泉，是我们加快发展步伐实现中国梦的正能量。

1. 红旗渠精神的正能量体现在激励人们振作精神只争朝夕

20 世纪 80 年代的深圳有这样一个口号："时间就是金钱，效率就是生命。"这是中国改革开放初期，社会主义市场经济甫立时期的最强音。时至今日，经过岁月的酝酿，时间的意义已经远远超过了金钱所能涵盖的范畴，它已成为一种资本，是我们必须珍视的宝贵财富。到建党 100 周年时全面建成小康社会，到中华人民共和国成立 100 周年时建成富强民主文明和谐的现代化国家，这"两个一百年"是我们中华民族复兴的重要时间表。同时，这个时间表暗含的仍然是时不我待的紧迫感。一切为中华民族复兴而努力工作的人们，都应该牢牢记住这一时间表，并严格按照这一时间表的要求规划和实施自己的工作，抓紧稍纵即逝的战略机遇期。

红旗渠精神体现出一种生命不止、追梦不已的思想风貌。它所反映的时间观念就是引领时间、驾驭时间、超越时间，折射出时代、社会和人生奋发有为的鲜明特色。翻阅红旗渠施工时间表，我们从中看到了党员干部领导林县人民对历史发展机遇的深刻理解和把握。

中华民族正在与时间赛跑，为实现中华民族复兴这个近代以来最伟大的梦想而奋斗。在新时代，我们要始终保持林县人民修建红旗渠时奋发有为的精神状态，以强烈的历史使命感和时不我待的紧迫感，焕发出只争朝夕的工作热情，在凝结力量、攻坚克难上取得新突破，永不僵化、永不停滞，战胜前进道路上的一切困难和风险。今日之中国，其行也迅疾，其承载也浩大，距离“两个一百年”的目标、民族复兴的梦想，依然面临着“行百里者半九十”的严峻考验。我们比历史上任何时期都更接近中华民族伟大复兴的目标，这就要求我们走在时间的前面，以革命的激情创业创新，以建设的激情抓住机遇、跑步前进，实现中国梦。

2. 红旗渠精神的正能量体现在激励人们奋发图强、矢志创业

在实现中华民族复兴的壮丽征程上，在改革开放的火热实践中，在中国特色社会主义新时代，靠什么凝聚社会共识、激发人们奋发图强、矢志创业？“实现中国梦必须弘扬中国精神。这就是以爱国主义为核心

的民族精神，以改革创新为核心的时代精神。”[①] 习近平总书记的话高度概括了中国精神的内涵，深刻阐述了精神力量对于实现中国梦的重要意义，寓意深远，催人奋进。

从元朝开始，林州人民就历尽千辛万苦、想尽千方百计解决困扰自身生存的水资源问题，数百年来奋斗不止，直到 20 世纪 60 年代，在中国共产党领导下，在社会主义制度条件下，修成了红旗渠，引来了漳河水，改变了生存和发展环境。修建红旗渠的历程就是林县人民筑梦、追梦、圆梦的历程。在这个历史进程中，林县人民孕育和形成了红旗渠精神。历史的发展既有连续性，又有阶段性。改革开放后，在新的历史起点上，林州人民又开始了追逐温饱梦、富裕梦、宜居梦、生态梦。在这永不停止的追梦道路上，林州人民进一步彰显了与时俱进的精神风貌。

回望社会主义在中国革命和建设的历程，就是一部开天辟地的创业史和奋斗史。从创业到不断再创业，中国共产党人始终如一地践行着初心、履行着使命，一次又一次向人民交出满意的成绩单，铸就了不断创业的伟大精神，孕育和形成了大庆精神、“两弹一星”精神、雷锋精神、焦裕禄精神、红旗渠精神、塞罕坝精神，这是一种始终为人民谋幸福而矢志不渝的执着，这是一种始终带领人民闯新路、开新局而永不止步的进取，这是一种始终保持大无畏革命勇气敢于斗争、敢于胜利而艰苦奋斗的勇毅，这是一种始终坚持知行合一、不断为人民创造实实在在业绩而求真务实的笃行。

保持和发扬红旗渠精神，可以激励我们在前进的道路上走得更稳、更实、更好，能够激励我们为实现中华民族的伟大复兴而顽强奋斗、艰苦奋斗、不懈奋斗。

---

① 习近平：《习近平谈治国理政》，北京：外文出版社，2014 年，第 40 页。

第二节　红旗渠精神为中国梦提供动力支撑

一种精神，只有其核心内容和基本特征非常明晰，并具有相对稳定的鲜明个性时，才会为人们所承认和传播，才能转化为物质力量。从红旗渠精神形成、发展和弘扬的过程看，其核心内容是自力更生、艰苦创业，其鲜明个性也是体现在自力更生、艰苦创业上；其基本特征表现为高度的主观能动性、广泛的群体性、超强的耐苦性、顽强的拼搏性、不屈不挠的坚韧性、可贵的勤俭性。如果说精神对于人是信念和灵魂，那么对于国家和民族而言就是动力支撑和思想根基。推进实现中华民族伟大复兴的中国梦，必须动员和组织广大人民群众以能动性、群体性、耐苦性、拼搏性、坚韧性、勤俭性的良好精神状态，为“两个一百年”目标提供坚强定力和意志保证。

1. 高度的主观能动性是实现中国梦的思想基础

主观能动性亦称自觉能动性，是人的主观意识和实践活动对于客观世界的能动作用。所谓发挥高度的主观能动性，就是要善于正视客观条件，明了客观条件，利用客观条件，化不利态势为有利条件，推动事业发展。人的主观能动性决定人的行为，决定人的精神状态。缺乏主观能动性的人是没有战斗力的，尤其是在改造自然的物质手段不够发达的情况下，认识和改造世界活动中所具有的精神状态更为重要。精神状态体现精神境界，反映精神追求，折射理想信念，涵养意志品质。奋斗姿态是精神状态的外化，是精神状态付诸实践、积极行动的表现，是推进事业的具体行动。高度的主观能动性生长良好的精神状态，良好的精神状态催生奋斗姿态，它们密切联系、相互贯通、有机统一，共同构成了林县党员干部和人民群众独特的精神气质和鲜明品格。

林县党员干部带领林县人民，发挥自己的主观能动性，放眼未来，绘制蓝图，引漳入林，开山凿渠，不等、不靠、不向国家伸手，自筹资金、自带工具、自造材料、自办工场、自己培养技术人员，艰苦奋斗，改变生存条件。处于社会主义建设时期大潮中的他们不是旁观者，而是参与者、行动者、实干者。

高度的主观能动性就是创造性地干，有了主观能动性才有创造性。千万群众的实践活动，蕴藏着许多生动、伟大的创造。在太行山上劈山导河，地势险要，地形复杂，修渠的干部群众开动脑筋，充分发挥自身的主观能动性，依据不同的地形、地势，分别采用了四种开掘方法。在山坡较平坦或有一定坡度的渠段，采用上开法，即由上向下一层层开挖。有的地方也可以由外向里挖掘。这样开挖，爆破凌空面大，出渣方便，衬砌省料省工。当渠道要在峭壁上通过，而峭壁的岩石又比较完整，若采用上开法，开挖方量太大，此种地形就采用腰砍法，在峭壁上开出渠槽，外侧砌渠墙。如果渠道遇到山坡高陡，不易上开，而接近渠底线以下又有自然台坎可以利用，就采取下接法，即将渠线稍向外移，从下面台坎上砌筑渠墙。在山势陡峭、渠段较长，并且表层岩石不够完整的情况下，若用腰砍法施工，大批人员要从上面用绳索系下，悬空操作，困难大，工效低，并且有出现塌方的可能，就采用顺山开洞法。在那个机械化十分落后、缺衣少吃的年代，林县人民凭着一种建设热情、一种主观能动性，激发出聪明才智，完成了这个几乎不可能完成的使命。

在我们所处的新时代，我国经济已由高速增长阶段向高质量阶段发展，正处在转变发展方式、优化经济结构、转换增长动力的攻关期，建设现代经济体系是跨越关口的迫切要求。在这个历史阶段，要突破自身发展的瓶颈、解决深层次矛盾和问题，需要我们充分发挥高度的主观能动性，实施创新驱动战略。不敢挑战，不敢改变、不敢跨越、被庸俗的价值观和金钱物欲蒙住心志，没有理想，失去追求，这样的作风和行为只会一事无成。中国特色社会主义事业是一步一个脚印前进的，伟大中国梦的实现靠的是苦干实干、创业创新。我们党员干部应该像当年林县县委决策修建红旗渠那样，积极主动地开展广泛的调查研究，不仅要研究一个地区的现状，还要掌握它的历史；不仅要了解本地情况，还要考察它的周边环境；不仅要实地勘察，访问群众，还要翻阅大量资料，多方了解情况。在此基础上，进行科学分析，抓住解决困难的主要矛盾，找到发展的切入点和方法。只有如此，才能确立坐标，放飞梦想，勇往直前。

2. 广泛的群体性是实现中国梦的必要条件

“人民，只有人民，才是创造世界历史的动力。”[①] 人民群众是社会

① 毛泽东：《毛泽东选集》第三卷，北京：人民出版社，1991 年，第 1031 页。

变革的决定力量，“革命战争是群众的战争，只有动员群众才能进行战争，只有依靠群众才能进行战争”[1]。革命战争是这样，社会建设也是这样，伟大的事业，只有千千万万人民群众的自觉参与，才能取得胜利。林县红旗渠的修建，离不开全县人民的参与，1960 年元宵节打响“引漳入林”攻坚战时，上阵民工就有 3.7 万人。这些农民并没有受过什么专业的训练，论技术，他们谈不上，论机械，什么都没有，全凭着求生存、求发展、谋幸福的信念就投入渠道的修建中。在红旗渠精神的形成中，极其珍贵的就是这种群体性参与。

成千上万的林县群众为了一个共同的目标、完成共同的任务，奔赴修渠工地，按照地缘格局组成一个个分指挥部、民工营、民工连。各个分指挥部、营、连既有相对独立性，于整个工程来说又具有整体性，形成了群体性的功能和群体性的力量。

群体性的力量既体现在信息、思想、感情上的交流，又体现在心理和行动上的相互影响。在红旗渠工地上，各分指挥部组织起一支支“孙占元突击队”“刘胡兰突击队”“李改云突击队”“元金堂突击队”以及“东风营”“红旗营”展开劳动竞赛，整个工地你追我赶，有竞赛也有合作，互相学习，互相鼓舞，形成了一种守望相助的行动法则。1960 年 7 月底，东岗分指挥部完成自己的修渠任务后，需要去支援茶店分指挥部，他们没有直接派人到对方工地去，而是向茶店分指挥部发出挑战书，要求到茶店工地进行擂台比武，看看到底谁家干劲大，谁家工效高，比比谁家进度快，看看谁家先竣工。对于打上门来的挑战者，茶店干部民工激发起不服输的劲头，他们挑选路家庄连 40 名精兵强将与东岗分指挥部丁冶连的 40 名青壮年打擂台。激烈的争胜比武，东岗分指挥部既帮助了茶店分指挥部，又激发了茶店工地民工的积极性，有力地推动

① 毛泽东：《毛泽东选集》第一卷，北京：人民出版社，1991 年，第 136 页。

虽然他们的名字我们不能一一知道，但他们是建设红旗渠的英雄，永远被人们称颂

了工程进展，激励所有修渠者向最后的胜利冲刺。20 世纪 60 年代红旗渠的修建正是得到了人民的拥护和支持，尊重了人民群众的创造精神，激发了人民群众的无穷力量，才在披荆斩棘的奋斗中创造了红旗渠这样的奇迹，释放了林县发展的活力，开辟出一条生机勃勃的、人民群众得到实惠的发展之路。

中国梦归根到底是人民的梦，实现中国梦是全体人民共建共享的过程，不仅需要党制定正确的发展战略和政策措施，更需要党团结动员各族人民齐心协力、共同努力，把这些发展战略和政策措施落实下去，把蓝图变成现实。一切为了人民，梦想便有了牢固的根基；一切依靠人民，中国梦的实现才有保障。历史告诉我们，一盘散沙成就不了伟业，各行其是实现不了愿景，人民也只有团结起来才可以实现共同梦想。所以，无论政策设计还是制度安排都应体现人民的意愿，符合人民的需要；无论决策还是干工作都应坚持问政于民、问需于民、问计于民，使人民群众边建设、边创造、边分享成果，以此激励人们更加积极地投身到新的建设中去。广泛动员，广泛参与，必然取得广泛的成果，最后的结果必然是群体性受益。

3. 超强的耐苦性是实现中国梦所应具有的特性

任何事情想要获得成功，必须经过奋斗和努力，没有吃苦耐劳的精神就无法到达成功的彼岸，也不能获得成功的喜悦，所以说吃苦耐劳是

采桑分指挥部十二姐妹在总干渠天险红石崭工地抡锤打钎，一人扶双钎

成功的基础。红旗渠修建的过程，就是吃大苦、耐大劳的过程。在红旗渠工地上，每日每时都生长着吃苦耐劳的因子，都涌现着吃苦耐劳的典型事例。

修建红旗渠的多数民工都是第一次抡锤打钎，且多数是女民工。由于一开始没有经验，抡锤人常把锤砸在扶钎者的手上。铁锤砸在肉手上，肿得像透明的胡萝卜，流着黄水，吃饭时连碗都端不住。修建红旗渠中往往要放大炮，一炮装几千斤炸药，没有那么多炸药，就在炮眼下半部装炸药，上半部装盐、煤、锯末、干人粪等代用品。红旗渠特等劳模张买江在装晒干的人粪时，被熏得嘴唇发麻、喉咙发麻，那种痛苦无法用语言形容。如果没有吃苦耐劳的精神，那些修渠人如何能适应得了这样严酷的环境？但那些吃苦耐劳的修渠人，就是这样在困难和挫折面前从容淡定，成功修建了红旗渠。

林县人民修建红旗渠用了 10 年，现在实现中国梦要用 30 年，这都是一个不算短的时间。修渠10年，林县人民以超强的耐苦性坚持了10年，实现中国梦的 30 年，也需要我们以坚韧不拔的意志耐苦 30 年。在实现中国梦的征程上，我们需要保持耐苦的传统美德，吃苦在前、享受在后，勤奋工作、廉洁奉公，为理想而奋不顾身去拼搏、去献出自己的全部精力乃至生命。以苦为乐、不惧艰难的意识和精神，无论在历史上还是在现在，都无时无处不闪烁着夺目的光彩。以超强的耐苦性进行创业，就是为了达到从站起来到富起来再到强起来的目标，就是为了中国梦的美好蓝图在我们手中变成现实。

4. 顽强的拼搏性是实现中国梦的一种永恒的动力

事业的伟大不仅在于目标的壮丽，更在于过程的壮丽；生活的美好不仅在于享有的丰富，更在于经历的丰富。几度风雨几度春秋，林县人民在修建红旗渠的过程中之所以一次次攻坚克难，一步步勇毅前行，是因为有一种精神力量在支撑着他们，这就是拼搏、坚韧、自强。

合涧分指挥部工段内最大的工程就是要让渠道跨过一道长 64 米的沟堑，从沟底到渠岸顶部高 21.3 米，仅垒砌石方就需 12 000 立方米。这在红旗渠第一期工程中是最大的跨沟工程。这种地形需要在顺山行洪的河沟上架设一座渡槽，渡槽下面走洪水，渡槽内过渠水。同时，这道河道东岸上又有一条当地群众上山的道路，这就要求再在距跨沟渡槽 5 米远的河沟东岸上架设一座渡槽，让上山的路从渡槽下通过。两个渡槽不相连，又属一体，统称为“林英大桥”。承担这座渡槽修建任务的是辛安和肖街两个连队，一个连一个桥孔。260 人的辛安连是个大连队，只有 60 人的肖街连只能算个小连队。因两个连队的人数差太多，所以辛安连人多力量大，工程进展快，而肖街连人数少，进展慢。肖街连要想赶上辛安连，只有加班加点。当时总指挥部为了保证民工安全，三令五申不准加班，肖街连就趁各连队晚上休息后偷偷加班干。那么多人在夜深人静时加班运石料，肩背杠抬人来人往，是瞒不了多久的，指挥部对连长杨保元进行了严厉的批评。晚上不能加班了，就白天加大任务量，争分夺秒抢时间，两天任务一天完，杨保元这条不服输的硬汉子带领他的连队，与辛安连展开劳动竞赛，保质量、赶进度，不甘落后。幸福生活要靠劳动创造，伟大的梦想要靠奋斗实现，林县人民用辛勤的汗水浇灌希望的种子，想干、敢干、实干、会干，这就是顽强拼搏的具体表现。

现在我们所处的物质条件、生活条件、科技水平与林县人民修建红旗渠时相比，不知好了多少倍，我们更须具有顽强拼搏的自觉性，才能把中国特色社会主义事业推向前进，才能使中国梦成为现实。古往今来，凡事兴于实，败于虚，对接人民对美好生活的期待需要拼搏，深化改革释放制度红利需要拼搏，筑牢反腐防线赢得群众信任需要拼搏。“空谈误国，实干兴邦”，就是要迎着晨光拼搏，不要面对晚霞幻想。梦想只有付诸实践，才能避免沦为空谈；只有踏实肯干，梦想才能最终照进现实。

5. 不屈不挠的坚韧性对于实现中国梦具有现实意义

一代人有一代人的使命，一代人有一代人的长征。20 世纪 60 年代林县那代人的长征就是修建红旗渠。长征 25 000 里，红军走了 1 年；红旗渠 3 000 里，林县人修了 10 年。这样一次超长时的“远征”，不是只凭着一股热情能坚持下来的。林县人民在修建红旗渠过程中以坚韧不拔的毅力、顽强不屈的精神，坚持不懈地去实现既定目标，坚韧成为他们自我激励的力量。

从 1960 年开始修建到 1964 年总干渠、1966 年三条干渠分别相继竣工，林县人民并没有歇歇脚、喘口气，而是以“快马加鞭未下鞍”的精神，开始了红旗渠支渠、斗渠、毛渠等配套工程的建设。林县人民历时 3 年多的艰苦劳作，又修建了 481 条总长 950 千米的渠道。这些渠道绕山头、越沟谷、穿隧洞、经渡槽，像红线串珠，像长藤结瓜，把旱井、池塘、水库、电站、电力排灌站连成了一个整体，构成了一幅气势磅礴的水利网。红旗渠的修建雄辩地证明，只有坚韧不拔、持续奋斗，才能成就伟业。

历尽天华成此景，人间万事出艰辛。道路不可能一帆风顺，蓝图不可能一蹴而就，梦想不可能一夜成真，越是美好的未来，越需要我们付出长期的、艰辛的努力。实现中华民族的伟大复兴、再创中华民族新辉煌，敢想敢干、敢打敢拼固然非常重要，但更需坚韧不拔的毅力。干事三分钟热度、没有耐性、见异思迁、急功近利、有始无终，在过去不可能建成红旗渠，在今天，则无法实现中国梦。弘扬红旗渠精神，就是要求我们为实现中国梦矢志不渝、坚韧不拔地努力奋斗。

6. 可贵的勤俭性是实现中国梦不可缺少的因素

几千年来中国人民一直传承着勤俭节约的优良传统和崇高美德。《周易》中有这样两句话："甘节，吉。""不节苦，则嗟苦。"就是说，甘于节俭，乐于节俭，把节俭当作"甘之如饴"的乐事，前途就会吉祥美好；不能节俭，结果必定招致祸患，落到愁眉苦脸、唉声叹气的地步。"克勤于邦，克俭于家""德以俭为本"成为几千年来在中国人民中间传颂的美德。毛泽东同志一贯主张共产党员和领导干部要保持艰苦奋斗、勤俭节约的作风。早在 1934 年 1 月，毛泽东同志就指出："节省每一个铜板为着战争和革命事业，为着我们的经济建设。"[①]崇尚节约、艰苦朴素、乐于清贫、苦己为民、反对铺张浪费既是我们每一名共产党员对传统美德的坚守，更是我们能够战胜许多困难的法宝。

有人曾问带领林县人民修建红旗渠的原林县县委书记杨贵，林县人为什么那么"抠"呢？杨贵回答：不抠能修成红旗渠吗？红旗渠建设之初，县委就坚持"力求节省，用较少的钱办较多的事"的原则，提倡勤俭办水利、勤俭建渠。在红旗渠建设中，从总指挥部到各营、连领导干部，都把勤俭作为美德，把节约作为责任，处处精打细算，把每一分钱都用在修渠上，修旧利废，一物多用，不乱花一分钱。总指挥部、各分指挥部宁可住山崖、石洞、石庵、破庙，或打土窑、搭席棚，也没有花钱盖过一间房子。整个分指挥部施工工具短缺很多，各连队之间开展工具互换使用，避免重复购买，节约经费。每一名党员干部都自觉地以勤俭节约的作风修渠，一切能省的就省，能自己动手做的就坚决不买。凿通太行山上坚硬的石英砂岩，主要靠钢钎，160 多厘米长的钢钎，不到一个月就只剩 60 多厘米长，磨损率很高。钢钎这种修渠的主要工具，

---

① 毛泽东：《毛泽东选集》第一卷，北京：人民出版社，1991 年，第 134 页。

没有一定的技术条件是自己制造不出来的。红旗渠党委书记、指挥长马有金意识到这样下去，钢钎只有损耗没有补给，很快就会影响修渠。他找到于永泰等几位老铁匠商量如何把磨损短了的废钢钎接成一根正常的钢钎。马有金与老铁匠们屡次试验，一连试了 3 天，钢钎终于接成了。坚守勤俭建渠、增产节约这种高尚美德，不仅是节约资源也是创造财富，成为党员干部的一种生活、生产方式。

习近平总书记强调：“大力弘扬中华民族勤俭节约的优秀传统，大力宣传节约光荣、浪费可耻的思想观念，努力使厉行节约、反对浪费在全社会蔚然成风。”[①] 我们必须清醒地认识到，我们的社会上还遗留着大量不健康的、违背勤俭的东西，例如小农经济中的自私保守、爱面子、讲排场，市场经济中的拜金主义、个人主义、享乐主义等，这些都在传递着负能量。奢侈是腐败的温床和开端，“惟俭可以养廉”。铺张浪费、挥霍无度、生活奢华、骄奢淫逸、腐化堕落的奢靡之风，不但会造成社会财富的极大浪费，也会造成物欲喧嚣的氛围。奢欲虽没有牙齿但可以吃掉人的理想，虽没有双手但可以把人推入歧途，虽没有烟雾但可以熏黑人的灵魂。“俭则约，约则百善俱兴；侈则肆，肆则百恶俱纵。”厉行节约，反对浪费，不仅仅是一种要求，更应该成为我们每一个人的思想观念、习惯养成和具体行动，倡导艰苦朴素、勤俭节约的生活和工作作风，为新时代建设不断取得新成果注入正能量的因子。

---

① 习近平：《习近平谈治国理政》，北京：外文出版社，2014 年，第 363 页。

第三节 红旗渠精神为中国强起来注入精神力量

习近平总书记在党的十九大报告中指出："中国特色社会主义进入新时代，意味着近代以来久经磨难的中华民族迎来了从站起来、富起来到强起来的伟大飞跃，迎来了实现中华民族伟大复兴的光明前景。"[①]我们已走过千山万水，但是走向未来仍需不断跋山涉水。进一步明确"自力更生、艰苦创业、团结协作、无私奉献"的红旗渠精神内涵能为中国强起来注入精神力量，能使新时代的中国在复兴的道路上行稳致远，持续书写强起来的辉煌篇章。

---

① 本书编写组编著:《党的十九大报告学习辅导百问》，北京：党建读物出版社、学习出版社，2017年，第8页。

1. 为中国强起来注入自力更生的精神力量

2018 年 9 月 26 日，习近平总书记在黑龙江省视察中国一重集团有限公司时强调：“现在，国际上单边主义、贸易保护主义上升，我们必须坚持走自力更生的道路。中国要发展，最终要靠自己。”①总书记的讲话表明：强起来的中国仍然需要大力弘扬自力更生精神。

中华人民共和国成立之初，以“两弹一星”为代表的一批自主科技创新成果，使我国自立于世界东方。这种自力更生的精神成为我国科技创新的基本遵循，在新时期又涌现了“高铁”“大飞机”“天眼”“蛟龙号”“量子通信”等一批世界瞩目的重大科技成果。

自力更生是一种自信，而自信就是一种力量。修建红旗渠的那代人，他们当时奋斗的条件比今天的条件差多了，但他们节衣缩食，自力更生，艰苦创业，把强烈的爱国主义转化为建设社会主义的热情，自立自强，改天换地，创造了人工天河的奇迹。

进入新时代的我们仍然需要自力更生精神支撑。完善产业体系短板、弱项、瓶颈，离不开自力更生。高端芯片、特殊材料、关键零部件、重要装备等方面还存在着“卡脖子”的环节，成为制约我国产业升级价值链的重要因素。这些关键核心技术是买不来的，我们必须自力更生、自主研发，逐步实现关键核心技术的自主可控，牢牢把创新自主权、发展主动权掌握在自己手中。

当前，我国农业农村基础差、底子薄、发展滞后的状况尚未根本改变，经济社会发展中最明显的短板仍然在“三农”，现代化建设最薄弱的环节仍然是农业、农村。要实现乡村振兴、产业兴旺、缩小城乡差距，除

① 《解放思想锐意进取深化改革破解矛盾　以新气象新担当新作为推进东北振兴》，《人民日报》2018 年 9 月 29 日，第 1 版。

国家在资金投入、要素配置、公共服务、干部配备等方面给予政策倾斜补发展短板外，最主要的是广大农村基层要像当年林县人民修建红旗渠那样，激发“有条件要上，没有条件创造条件也要上”的那样一股劲儿、那样一种拼搏精神。

习近平总书记指出：“我们党在领导革命、建设、改革长期实践中，历来坚持独立自主开拓前进道路，这种独立自主的探索和实践精神，这种坚持走自己的路的坚定信心和决心，是我们党全部理论和实践的立足点，也是党和人民事业不断从胜利走向胜利的根本保证。”[1] 在新时代的征程中，我们要有那么一股自力更生的劲儿，坚定不移地办好自己的事情，才能在风云变幻的世界中形成不卑不亢、昂然向上、泰然处之的稳定情怀。

2. 为中国强起来注入艰苦创业的精神力量

艰苦创业一词在物资匮乏的年代常见。修建红旗渠时，全县“一穷二白”，不得不勒紧裤带，节衣缩食，艰苦创业。林县人民看全局、看生存、看发展，他们的选择是有道理的，也是智慧的。如今，中国已是世界第二大经济体，早已走出了物资匮乏的时代，艰苦创业是否过时？历史和现实昭示我们，物质条件困难时期有那时的“艰苦”，今天有今天的“困难”。

数十年前，我国的市场开放、产业创新可以采用“进口替代”和跟进战略，我们“以市场换技术”“以时间换空间”，通过成本和规模优势实现了弯道超越。时至今日，越来越多的中国公司成为同行业的规模冠军，它们的前面不再有领跑者，新的创业之路艰难异常。

一代人有一代人的际遇，一代人有一代人的使命。在中国特色社会主

① 习近平：《习近平谈治国理政》，北京：外文出版社，2014 年，第 29 页。

义进入新时代的今天，创业必须以创新为先导。创新能力已成为影响我国现实经济发展和长期结构调整的一个根本性因素，可是最大的发展中国家的实际、社会主义初级阶段的国情、人口多底子薄的现实状况，又决定了我国现阶段在创新投入上，不可能实行无限的资金投入。客观情况要求我们在科技创新上，仍然要发扬艰苦创业精神。当年，林县人民靠艰苦创业，改变了自己的生存和发展条件，创造了奇迹；新的时代再创业，也要像当年修建红旗渠那样，要有真抓的实劲、敢抓的狠劲、善抓的巧劲，一步一个脚印，一步一个台阶，不驰于空想、不骛于虚声，不畏艰险、不惧困难，以辛勤汗水、默默耕耘成就非凡的业绩，创造美好的生活。

新时代大力弘扬艰苦创业精神，要练就高强的本领。能力不是一劳永逸、一蹴而就的。时代变了，创业环境变了，相应的创业能力必须适应变化了的世界。在新时代，我们要善于重新学习，学习不熟悉的领域、不懂的东西，持续升级，不断扩容，掌握新知识、开拓新视野，以应对新形势发展带来的新挑战。只要坚守理想信念，保持敢为人先的志气、迎难而上的勇气、革故鼎新的锐气、蓬勃向上的朝气，就一定能够创造出无愧于新时代的奇迹。

艰苦创业精神在，中国发展的脚步就不会停。

3. 为中国强起来注入团结协作的精神力量

习近平总书记在第十三届全国人民代表大会第一次会议上讲道："中国人民是具有伟大团结精神的人民。"① "中国取得的令世人瞩目的发展成就，更是全国各族人民同心同德、同心同向努力的结果。"② 一个

① 习近平：《在第十三届全国人民代表大会第一次会议上的讲话》，《人民日报》2018年3月21日，第2版。

② 同上。

民族人口再多，如果拧不成一股绳，都无法称其为强大；一个国家疆域再大，如果是一盘散沙，都难于被视为“大国”。团结就是力量，团结才能前进。

人们自己创造自己的历史，但是人们的创造不是随心所欲的，而是在既定的、从过去承继下来的条件下创造的。历史的创造是这样，精神的形成也是如此。中国人民的团结协作精神就是在历史传承中形成的，这种历史传承既包括对中国传统文化的继承，也包括对中国共产党在实践中形成的红色文化的传承。

小农经济时代，由于生产力低下，在生产过程中，乡土中国“出入相友，守望相助，疾病相扶持，则百姓亲睦”，人民相互帮助，相互依靠，协作处事，在时间积淀下塑造了中华民族的集体人格——团结协作。

讲团结是我们党的优良传统。团结一切可以团结的力量，我们党取得了革命的胜利，我们取得了从站起来到富起来的跨越。发展好伟大团结精神，继续推动党的伟大团结、人民的伟大团结、各民族的伟大团结、世界人民的大团结，这是我们实现强国梦、构建人类命运共同体的基本保证。

团结协作精神需要伟大目标的指引。讲团结协作需要有一个共同的目标把人民凝聚起来，正所谓“心往一处想，劲往一处使”。不论是小农经济时代自发式的团结协作，还是社会组织化程度较高的行政主导下的团结协作，都是人们根据既定目标的需要，主观地配置各种生产要素和资源，通过人的主观努力，依靠整个团队的团结协作，来达到发展的目的。当年林县人民修建红旗渠，就是人民意志的集中体现，共同的理想信念在思想和行动上凝聚起一切可以团结的力量，众人的事情众人商量，凝聚共识，调动人民的积极性和主动性，使团结协作发挥出有组织、有领导的一种主观能动作用。

团结协作是红旗渠建设的重要经验，也是中国现代化前半程的重要经验，强起来的中国必须结合新的实践，光大和丰富团结协作精神。

打赢扶贫攻坚战，啃下深度贫穷这块硬骨头，必须大力弘扬团结协作精神。“千人同心，则得千人之力”。精准扶贫、精准脱贫、精准施策、精准发力，需要调动国家力量、社会力量，需要千千万万人风雨同舟、守望相助，充分展现一方贫困八方扶、一人困难众人扶的团结互助精神。唯其如此，方能实现“一个都不能少”地进入全面小康的伟大目标。

今天，建设现代化经济体系，全面推进质量变革、效率变革、动力变革，推动中国经济高质量发展，扭转工农差别、城乡差别和地区差别扩大的趋势，仍然要集中党内力量、汇聚党外力量，坚持最广泛的团结，依靠民众的力量，实现提级发展。

改革在新起点上实现新突破，推进国家治理体系和治理能力现代化，激发转型发展新动能，都必须寻求党内外不同层面的最大公约数，画好同心圆，促进全党大团结、全社会大团结、海内外中华儿女大团结，以团结为深化改革凝聚起强大合力，将改革进行到底。

坚持市场导向、市场驱动需要大力弘扬团结协作精神。市场经济的实践说明，越是在竞争的领域，越需要协作，也最能实现协作。竞争是为了推动发展，团结协作则是为了更好地竞争。没有团结协作精神的竞争，久而久之，就会扩大社会矛盾，引发社会危机。成本分摊、利益共享、权益的转移和交换，这些机制都要围绕一个合作的原则。而建立在团结协作基础上的竞争，则可以实现公平与效率的统一，可以协调各区域、各经济体之间的有序竞争，不至于损害整体利益。主观上的团结协作与客观上的市场配置资源相结合，以实现追求自由竞争与追求秩序井然、机会均等相统一，追求效益、效率与追求正义、公平相统一。社会主义制度下的团结协作精神与市场经济条件下的自由竞争精神的有机结合，必将让一切聪明才智竞相迸发，让一切创新资源充分涌流。

“团结是战胜一切困难的强大力量，是凝聚人心，成就伟业的重要保证。”[1]在我们这么大一个国家，将利益多元化、诉求多样化的人们组织起来，凝聚在一起，并不是一件容易的事。但只要13亿多人团结起来，齐心协力，我们一定能够形成勇往直前、无坚不摧的精神力量，创造属于新时代奇迹的未来可期。

4. 为中国强起来注入无私奉献的精神力量

无私奉献是共产党员追求的一种崇高境界，它与全心全意为人民服务的宗旨是相统一的。革命战争年代，无数仁人志士、革命先烈挽狂澜于既倒，扶大厦之将倾，流血牺牲，写下了无私奉献的壮丽史诗。社会主义建设时期，无数人的无私奉献精神，推动了中国经济和社会的全面发展。时间是最忠实的记录者，我国的经济实力、科技实力、国防实力和综合国力实现历史性跨越，印证着每一个中国人翻天覆地的生活变化，其背后浸透的是千千万万中国人民无私奉献的汗水和心血。

习近平总书记指出："追梦需要激情和理想，圆梦需要奋斗和奉献。"[2]我们这个13亿多人口的发展中大国，要在2035年基本实现社会主义现代化，在本世纪中叶全面建成社会主义现代化强国，全党、全国人民要准备付出更为艰巨、更为艰苦的努力。今天的中国，正处于关键的十字路口。向内看，改革进入深水区，发展进入关键期，高质量发展的瓶颈亟待打破，打赢"三大攻坚战"时不我待。向外看，世界正处于大发展、大变革、大调整时期，逆全球化思潮、贸易保护主义暗流涌动，带来新的不确定性。由于复杂的国际国内环境，我们民族复兴的进程越是接近目标越是艰难，前行的道路上，依旧有许多"青年洞"等着我们去凿通，

① 习近平：《习近平谈治国理政》第二卷，北京：外文出版社，2017年，第53页。
② 习近平：《在北京大学师生座谈会上的讲话》，《人民日报》2018年5月3日，第2版。

依旧有“石子山”“鸻鹉崖”等着我们去攻克。不管社会如何变化，价值不能错位，心灵不能失衡，责任不能淡漠，奉献不能离席。确立新时代无私奉献的价值坐标，崇尚奉献，就要有担当的宽厚肩膀，去担负起民族复兴的伟大使命。党的先进性往往与奉献精神、牺牲精神紧密联系。无私奉献精神缺失，党的先进性就缺失了。不讲奉献、不真奉献，都是与共产党员的称号不相配的。今天，我们仍在赶考的路上，历史的契机等待我们去把握，光荣的使命等待我们去完成。只要牢牢锚定无私奉献的价值坐标，永葆共产党人先进性就不会迷失方向。

第五章

永照汗青是精神

林县人民在太行山上凿山掏渠，历经十年，建成红旗渠。“其始也简、将毕也巨”的红旗渠，成为新中国建设史上和中国治水史上的经典。是经典，就要被记载、被阅读、被解读和被传扬。作为现代重要史迹，红旗渠载入了史册。《中国共产党历史》第十七章第三节中写道：“同在六七十年代，河南林县（现林州市）人民在党的领导下，自力更生、艰苦奋斗，用最普通的工具，劈开太行山的重峦叠嶂，引漳河水入林县，建成了‘人造天河’红旗渠，其事迹在全国产生广泛影响。”[①] 最后提到：“正如周恩来总理所说，这条盘绕在太行山千嶂绝壁上的蓝色飘带，是新中国创造的两大奇迹之一。”[②]

当我们仰望苍穹，寻找梦想星空的时候；当我们回眸来时路，寻找激情燃烧岁月的时候，红旗渠精神凸显出来的精神光华与日月同在。红旗渠精神决不是偶然诞生的，它是解放了的中国人民自身伟大力量的真实见证，是中国人民百折不挠、勇于和善于突破一切艰难险阻追求美好生活伟大实践的升华。

今天，当我们追溯岁月的长河，梳理这笔不朽的精神财富时，我们更加认识到：时间可以流逝，大地可以荒老，只要人类还在生生不息地延续，红旗渠精神就永远值得我们珍惜、传承，并发扬光大。

---

① 中共中央党史研究室：《中国共产党历史》第二卷，北京：中共中央党史出版社，2011年，第695页。

② 同上书，第695～696页。

第一节　红旗渠精神传承和弘扬中华民族精神

民族精神是民族优秀文化传统的理性升华，是推动民族延续发展、不断前进的动力和精神支柱。中华民族之所以历经五千多年而不衰，遭受千灾万难而不垮，面对一个又一个强敌而不屈，一步一步地走向繁荣富强，一个重要的原因就在于它创造和积累了伟大的民族精神。培育和弘扬民族精神，对于一个国家的繁荣和富强至关重要。习近平总书记在第十三届全国人民代表大会第一次会议闭幕式上的讲话中强调："中国人民在长期奋斗中培育、继承、发展起来的伟大民族精神，为中国发展和人类文明进步提供了强大精神动力。"[①] 伟大的复兴的光明前景需要伟大民族精神的支撑。

红旗渠精神源自悠久而优渥的中华传统文化，有着丰富的精神内涵，

① 习近平：《在第十三届全国人民代表大会第一次会议上的讲话》，《人民日报》2018年3月21日，第2版。

既传承了中华民族优秀传统，又体现了与时俱进的时代价值；既体现了人民群众艰苦奋斗、众志成城的可贵品格，又充溢着共产党人立党为公、执政为民的崇高境界；既展现了林县人民“誓把山河重安排”的雄心壮志，又体现了太行儿女苦干实干加巧干的科学求实精神。红旗渠精神是可贵的民族精神、人民群众艰苦创业实践的结晶，是对民族精神的发扬光大。

1. 红旗渠精神传承中华民族精神

富有传奇色彩的太行山，产生了许多古老的神话：盘古开天、精卫填海、后羿射日、愚公移山……这些神话蕴含着人们深切的期待，以其永恒的魅力昭示着后人续写新的篇章。20 世纪 60 年代，林县人民在太行山上绝壁穿石，历时十年，挖渠千里，创造了红旗渠精神，把一面民族精神之旗插在了太行山巅。

精神是对历史过程中积极因素的抽象概括，它是建立在历史基础之上的。追溯红旗渠精神的思想渊源和现实发展，最可靠、最必须、最重要的就是“不要忘记基本的历史联系，考察每个问题都要看某种现象在历史上怎样产生、在发展中经过了哪些主要阶段，并根据它的这种发展去考察这一事物现在是怎样的”[①]。在世界文明史上，中华民族具有一往无前、同心奋斗、自强不息的品质，从大禹治水到西门豹治邺，从都江堰水利工程到南北大运河的开凿，都是民族精神的生动写照。红旗渠精神继承和发展了中华民族在数千年漫长的岁月中、在改造自然和改造社会的伟大实践中所形成的自强不息的进取精神，愚公移山的坚韧精神，经世致用、不尚空谈的求实精神，生生不已、日新又新的变革精神，“天

① 中共中央马克思恩格斯列宁斯大林著作编译局编译：《列宁选集》第四卷，北京：人民出版社，2012 年，第 26 页。

下兴亡，匹夫有责”的爱国精神，公而忘私、舍生取义的奉献精神，先义后利的利他精神，筚路蓝缕、以启山林的奋斗精神，人心齐泰山移、群策群力、众志成城的团结协作精神。

2. 红旗渠精神是对民族精神与时俱进绽放的反映

民族精神是传统性与时代性的辩证统一。它一方面继承优秀文化传统，另一方面又具体存在于时代精神之中，并随着时代的发展而发展。红旗渠精神就是民族精神在社会主义建设时期形成的一种精神，在长期的历史变迁和社会变革中不断地与新的时代精神相融合，在实践过程中充分积淀和高度升华并最终形成自身的特质，是民族精神一种具象化的彰显。

红旗渠建设的时期，是新中国艰苦创业的时期，在此时期形成的红旗渠精神蕴含了解放思想、实事求是、积极探索、勇于创新、艰苦奋斗、知难而进、开放包容、自强不息、谦虚谨慎、不骄不躁、同心同德、顾全大局、勤俭节约、清正廉洁、励精图治、无私奉献的精神品质和价值追求，它们既是民族精神的升华，又反映了时代要求，成为激发党员干部和人民群众创业热情、推动经济社会发展的重要动力源泉。红旗渠精神是对民族精神顺应时代发展要求和顺应时代潮流的诠释和反映。

事业与时俱进，欣欣向荣；精神与时俱进，生生不息。生长于中华民族优秀传统文化土壤上的红旗渠精神，传承着中华民族优秀传统文化的绵绵血脉，吸纳着中华民族优秀传统文化的丰富营养，并融汇于当代的国家形态与社会生活中，转换为大众高度认同和尊崇的时代标识，成为一种价值理念，被广为秉持和尊崇。

第二节　红旗渠精神永放光芒

马克思指出："一切划时代的体系的真正内容都是由于产生这个体系的那个时期的需要而形成起来的。"[①] 红旗渠精神作为反映时代境遇和发展需要的思想观念体系，根植于时代发展的客观实践之中，彰显出鲜明的时代风格。它不仅在 20 世纪六七十年代熠熠生辉，而且在改革开放后继续大放异彩；不仅是我们当前决胜全面建成小康社会的强大精神动力，而且是我们在实现中国梦的漫漫征途上都要弘扬的宝贵精神。一句话，红旗渠精神产生于特定年代，又超越于具体时代，是鲜活的价值观，它不仅在过去的岁月里发出夺目光辉，而且在未来的征程上是一面永放光芒的旗帜。

① 中共中央马克思恩格斯列宁斯大林著作编译局编译：《马克思恩格斯全集》第三卷，北京：人民出版社，1960 年，第 544 页。

1. 红旗渠精神具有超越时空的价值

从哲学视角看，价值是主体与客体之间一种特定的关系，即主体与客体之间的意义关系。价值关系生成于人对自然的改造过程中，没有人与自然之间的认识关系和实践关系，也就没有价值关系。因此，价值关系存在于人的认识活动和实践活动中，并与认识关系和实践关系交织在一起。价值观念的形成既离不开认识活动，也离不开实践活动。价值判断就是直接建立在对对象的认识基础上的。红旗渠精神的价值就是林县人民在改造自然的实践活动中形成的，并为人们所认识、所接受，升华为一种精神旗帜，推动社会发展，具有超越时空的恒久价值。

红旗渠精神成于渠却不止于渠，是人的主体性和实践超越本体的生动反映。红旗渠的修建是人类意志在自然中的一次壮美展示，体现了人类在极端困难条件下超越自我、挑战极限的顽强精神，是人的主体性的张显。同时，红旗渠又是实践超越本体的群体觉醒。林县人民十年苦战，

千千万万的中小学生来红旗渠开展研学实践教育活动。他们走进红旗渠纪念馆，触摸融入血汗的修渠工具，感受前辈创业的苦难辉煌，领略幸福都是奋斗出来的真谛，涵养德行和精神品质

不仅改变了严酷的生存条件，而且把自己变成了不断更新的主体。如果说京杭大运河流淌的是古人智慧的结晶，带来一河两岸的繁荣，那么红旗渠则流淌着站起来的中国人的智慧，带来一渠两岸的大发展、大变化。红旗渠精神反映了人类求生存、求发展过程中最基本的精神内核，这种精神特质是超时代、超国界的，是人类的共同情感、共同精神。

红旗渠的修建是展示新中国建设成就和人民风貌的窗口。非凡的付出必然产生非凡的成就，由此激发的精神光辉将永远闪烁在历史的天空。1965 年 10 月，北京农业展览馆举办的全国大寨式农业典型展览展出了红旗渠图片。1971 年 5 月，我国在阿尔及利亚举办的建国成就展展出了红旗渠图片。截止到 1980 年，119 个国家和地区的各界人士参观了红旗渠。1996 年 9 月，红旗渠被文化部、民政部等六部委联合命名为“全国中小学爱国主义教育基地”；1997 年 6 月，红旗渠又被中宣部命名为“全国爱国主义教育示范基地”。1999 年 10 月，北京展览馆举办的建国五十年成就展展出了红旗渠图片。2000 年 12 月 21 日，新落成的中华世纪坛长长的青铜甬道上镌刻着 300 万年前人类出现到 2000 年的时间纪年，用文字记载了科技、文化、教育等领域 7 000 多条重大历史事件，在 1969 年，刻下的是林县红旗渠竣工。2006 年 6 月，体现中国当代风貌的石砌红旗渠被国务院公布为国家重点文物。2009 年 9 月，在全国 32 家报网主流媒体发起的“大国印记：1949—2009 中国 60 大地标”评选中，红旗渠以第五名入选。2010 年 5 月，红旗渠纪念馆被中纪委、监察部命名为全国廉政教育基地。2011 年 4 月，红旗渠成为全国红色旅游经典景区。2011 年 12 月，中国土木工程学会和北京詹天佑土木工程科学技术发展基金会举办的“百年百项杰出土木工程”评选中，红旗渠入选其中。2013 年 9 月，北京国际设计周组委会授予红旗渠最高奖“经典设计奖”，这个奖项旨在表彰对中国社会进步、文化发展、产业促进和城市建设产生积极影响、具有历史意义的设计项目和作品。2014 年 10 月，红旗渠精神展在北京中国博物馆展出，其后又分别在上海、广州、重庆、西安、香港等全国各大城市展出。2017 年 12 月，红旗渠被评为全国中小学生研学实践教育基地。2019 年 9 月，在庆祝中华人民共和国成立 70 周年之际，红旗渠又被中央宣传部、中央组织部、中央统战部、中央国家机关工委、中央党史和文献研究院、教育部、人力资源社会保障部、国务院国资委、中央军委政治工作部授予红旗渠建设者（集体）“最美奋斗者”称号。

2. 红旗渠精神将在实现民族复兴的生动实践中永放光芒

一个民族的崛起离不开强大的精神力量，红旗渠精神是在最艰辛处萌芽，在奋斗中淬火。从根本上说，红旗渠精神是中国人民自强不息的象征，是一种勇于把思想和行动全部置于社会历史条件和时代发展要求的检验之下的奋发进取精神，是对保守、僵化思维定式的否定，是与瞻前顾后、小富即安、不思进取思想截然相反的积极态度，是与党领导人民探索社会主义建设道路改变贫穷落后面貌相统一并取得成果的经验升华，是党的基层组织坚持和创造性地运用马克思主义思想，在建设过程中不断推进自身建设的经验总结，是一个集中反映党的思想路线、群众路线、工作路线以及理论与实践等方面有机统一的精神体系。

中国实现现代化强国的基础在于“物质”，也在于“精神”，二者不可偏废。不发展经济，不改变人民群众的生活，没有实实在在的发展成果，空谈精神显然靠不住。但有了物质成果，精神支柱立不牢，也最终必然出问题。一个缺乏精神支撑的民族难以自立自强，一个没有思想共识的国家可能不打自败。英雄的人民、伟大的工程、不朽的精神，红旗渠给今天的人们无尽的启发。我们从站起来到富起来需要自力更生、艰苦创业精神，从富起来到强起来也需要自力更生、艰苦创业精神，实现中国的和平发展、中华民族的复兴、人民的幸福更需要自力更生、艰

红旗渠精神代代传

苦创业精神。中国实现现代化强国之旅，从来就不是一路坦途，只有精神支柱立得牢、过得硬，中华民族的伟大复兴才能筑牢更扎实的根基。

实现中华民族的伟大复兴，是近代中国不懈奋斗的延续，更是当代中国理想目标的升华。实现中华民族伟大复兴的目标过程是充满复杂因素、夹杂许多极端事件的实践过程。当前，世界范围内各种思想文化交流、交融、交锋更加频繁，国际思想文化领域斗争深刻复杂，西方一些人把中华民族的复兴视为对其价值观和制度模式的挑战，加紧对我国进行思想文化渗透，不惜血本进行“看不见的宣传”。在这一历史进程中，我们需要弘扬红旗渠精神，抵御西方一些国家在思想文化领域对我们的侵蚀。有了精神支撑，我们就能在不可预知的国际干扰面前处变不惊，使广大人民群众坚定不移地走自己选择的中国特色社会主义道路，始终凝聚在振兴中华的旗帜下，不动摇、不变色、不折腾，振奋起整个民族的精神状态，激发起整个民族的创造热情，汇聚攻坚克难的磅礴力量，更加奋发有为地实现中国和平崛起的伟大理想。

追梦的道路注定不是坦途，就业、医疗、住房、养老……每个人都可能与国家一起经历逐梦之旅的曲折和艰辛，可能有抱怨、有纠结，伟大的红旗渠精神将鼓舞我们百折不挠、愈挫愈勇。我们要以“逢山凿洞、遇水架桥”的英雄气概和“定叫山河换新装”的豪情壮志，面对风险和挑战，自强不息、奋发图强。风险考验意志，挑战砥砺品格。弘扬红旗渠精神，就是要把这种精神转化为干事创业的实际行动，转化为战胜风险和迎接挑战的坚强意志，转化为更大的责任担当和更高的目标追求，不断把民族复兴的伟大事业推向前进。

渠水流日夜，慷慨歌未央。红旗渠从一个解决饮水、灌溉的水利工程，延展成一种庞大的文化景观、一派独具山魂水韵的壮丽景观、一尊活生生的红色精神雕像。红旗渠如碑，红旗渠精神在中国特色社会主义的新时代愈放光芒！

附录　红旗渠修建大事记

1959 年

6 月 11 日　林县县委召开会议，对林县水情和水利建设作了认真研究分析。县委认为，要解决水的问题，眼光不能只盯着林县，要打破区域界线去找水。会议决定，县委组织三个调查组，分头到县外寻找引水源。

10 月 10 日　林县县委召开县委全体（扩大）会议，专门研究引漳入林工程。会议决定兴建引漳入林工程，并确定报请新乡地委、河南省委批准。

10 月 29 日　林县县委召开县委全体（扩大）会议，研究兴建引漳入林工程的具体事宜，并决定深入基层，充分发动群众，做好准备工作，一旦上级批准，立即动工。

10 月至 11 月　林县县委、县人委组织水利工程技术人员，对引漳入林工程进行选线测量。

11 月 6 日　林县县委向新乡地委、河南省委呈报《关于引漳入林工程施工的请示报告》，要求兴建引漳入林工程。

12 月 23 日　新乡专区水利建设指挥部发出《关于兴建引漳入林工程的通知》，同意林县根据自身的财力、物力、人力分期兴建引漳入林工程，若力量不足，确有困难，不好克服，应量力而行。

1960 年

1月16日　林县人民委员会向新乡专署和河南省人民委员会呈报《关于兴建引漳入林工程请示报告》。

1 月 24 日　林县县委第一书记杨贵给河南省委书记处书记史向生写信，请省委向山西省委去函，协商从山西省平顺县境内兴建引漳入林工程。

1 月 27 日　河南省委书记处书记史向生和省委秘书长戴苏理，向山西省委第一书记陶鲁笳和书记处书记王谦致函，协商从山西省平顺县兴建引漳入林工程。

2 月 1 日　山西省委第一书记陶鲁笳主持召开会议，研究解决林县从山西省平顺县引水问题。

2 月 3 日　山西省委书记处书记王谦、山西省副省长刘开基向河南省委书记处书记史向生、省委秘书长戴苏理复函，同意林县引漳入林工程从山西省平顺县侯壁断下引水。

2 月 6 日　河南省委书记处办公室就引漳入林一事，给林县县委第一书记杨贵来函，并转来 2 月 3 日山西省委书记处书记王谦、山西省副省长刘开基关于引漳入林工程给河南省委书记处书记史向生、省委秘书长戴苏理的复函，山西省委、省人委同意林县引漳入林工程从山西省平顺县侯壁断引水，并按此设计。

2 月 7 日　林县县委在任村公社盘阳村召开引漳入林筹备会议。会议研究并通过了林县引漳入林工程施工方案，成立了林县引漳入林总指挥部。

2 月 10 日　当晚，林县县委、林县引漳入林总指挥部召开全县引漳入林广播誓师大会，向全县人民发出《引漳入林动员令》。

2 月 11 日　林县引漳入林工程开工。到 15 日止，开赴工地的民工达 37 100 人。

3 月 1 日　林县引漳入林总指挥部编印了《林县引漳入林灌溉工程扩大初步设计书》。

3 月 6 日—7 日　林县引漳入林委员会（扩大）会议在任村公社盘阳村召开。会议提出了集中力量打歼灭战、分段突击的施工方案，并建议把引漳入林工程改名为红旗渠。

3 月 10 日　林县引漳入林总指挥部在任村公社盘阳村召开引漳入林工程全线民工代表会议。会议一致同意集中力量打歼灭战、分段突击施工的施工方案；一致同意将引漳入林工程命名为红旗渠。

3 月 13 日　林县红旗渠总指挥部召开工地各分指挥部指挥长、工段负责人及部分民工代表会议。会议确定，红旗渠总干渠工程分四期建设：第一期工程渠首至河口段，第二期工程河口至木家庄段，第三期工程南谷洞至坟头岭段，第四期工程木家庄至南谷洞段。

5 月 1 日　红旗渠首拦河坝竣工。该坝长 70 米、高 3.5 米、底宽 13 米，于 2 月 13 日动工。

8 月 1 日　长 243 米的红旗渠王家庄双孔隧洞竣工。红旗渠总干渠最大建筑物之一——林英大桥竣工。桥长 56 米、高 21.3 米、宽 16 米。

9 月 18 日　红旗渠工地鸻鹉崖大会战开始，15 个公社选调 5 000 名精壮民工，奋战在长 3 000 米的险要工段上。

10 月 1 日　红旗渠总干渠第一期工程竣工。漳河水流入林县境内。

10 月 17 日　红旗渠总干渠第二期工程开工。

11 月 23 日　红旗渠总指挥部召开工地全体干部会议。因国家政策调整，县委决定，红旗渠工地除留一部分精干民工继续开凿青年洞外，其余民工于本月底全部回家搞生产自救。

1961 年

6 月 7 日　中共林县第三届人民代表大会第二次会议通过了加速红旗渠建设的决议。

6 月 9 日　林县县委发出关于红旗渠续建工程秋前施工方案，经请示地委、省委，组织劳力继续兴建红旗渠工程。

7 月 15 日　红旗渠总干渠青年洞竣工。

8 月 15 日　红旗渠总干渠南谷洞大渡槽竣工。渡槽长 133 米、宽 6.3 米、高 12 米，共 10 个桥孔。

9 月 30 日　红旗渠总干渠第二期工程竣工。

10 月 1 日　红旗渠总干渠第三期工程动工。

1962 年

8 月 15 日　林县与山西省平顺县双方代表召开会议并签订了《林县、平顺两县双方商讨确定红旗渠工程使用权的协议书》。

10 月 15 日　红旗渠总干渠第三期工程竣工。

10 月 20 日　红旗渠总干渠第四期工程动工。

1963 年

1 月 20 日　红旗渠总干渠分水岭隧洞竣工。

3 月 7 日　河南省委书记处书记杨珏来红旗渠工地检查指导工作。

4 月　河南省水利厅党组根据河南省委的指示，由水利厅水利勘测设计院赴林县红旗渠工地进行勘测，提出技术鉴定意见。水利厅水利勘测设计院技术人员在安阳专署水利局技术人员配合下，沿渠调查后，向河南省委、省水利厅党组写了报告。报告认为，红旗渠总干渠基本上是成功的。此工程不仅有经济意义，而且有政治意义，应当续建，但必须按照基本建设程序，纳入国家计划。

6 月　河南省水利厅水利勘测设计院编制了《红旗渠总干渠地质报告》。河南省水利厅水利勘测设计院、安阳专署水利局和林县水利局联合勘测组向河南省水利厅报送了《河南省引漳入林红旗渠灌溉工程查勘报告》，并由河南省水利厅水利勘测设计院驻林县设计组组长李国堤到水利电力部进行汇报。

12 月 25 日　水利电力部作了《关于引漳入林灌溉工程续建设计任务书的批复》，经国家计划委员会委托水利电力部批准续建该工程，并指定引漳入林灌溉工程的设计由河南省计划委员会审批，报水电部备案。从此，红旗渠灌溉工程正式纳入国家基本建设项目。

1964 年

6 月 20 日　红旗渠总干渠白家庄空心坝工程竣工。坝长 158 米，坝体中空。坝上过河水，坝中流渠水。

10 月 30 日　红旗渠总干渠第四期工程竣工。红旗渠总干渠全部竣工。

12 月 31 日　红旗渠总干渠全线首次试放水成功。

1965 年

4 月 5 日　林县县委、县人委在分水岭召开庆祝红旗渠总干渠通水典礼大会，参加会议群众 2 万余人。红旗渠总干渠正式通水。

4 月 6 日　河南省委第一书记刘建勋到林县视察红旗渠通水情况。

7 月 21 日　中共林县第三届代表大会第一次会议确定每年的 4 月 5 日为红旗渠通水纪念日，以教育人民群众和子孙后代。

8 月 21 日　成立红旗渠管理所。

9 月　三条干渠建设全面开工。

1966 年

3 月 19 日　红旗渠管理所改名为红旗渠管理局。

4 月 1 日　一干渠桃园渡槽竣工。

4 月 5 日　二干渠夺丰渡槽、三干渠曙光洞竣工。一、二、三干渠全面竣工。

4 月 20 日　林县县委召开庆祝红旗渠一、二、三干渠竣工通水典礼大会。河南省省长文敏生到会剪彩。

5 月 5 日　林县县委召开支渠、斗渠配套誓师大会。会议通过了《红旗渠灌溉管理暂行办法（草案）》。

7 月至 8 月　红旗渠支渠配套工程全面展开。

1968 年

5 月　红旗渠分水岭电站建成发电。

10 月 25 日　林县革命委员会召开全县水利配套会议，全县形成声势浩大的红旗渠支渠配套工程建设高潮。

1969 年

6 月 25 日　三干渠曙光渡槽竣工。

7月6日　林县县委、县革委举行庆祝红旗渠水利工程全面竣工大会。历经十年奋战，红旗渠工程全面建成。

参考文献

[1]林县县委党史资料征集编纂委员会，林县水利局，林县档案局．红旗渠[M]. 郑州：河南人民出版社，1990.

[2]林州市水利史编纂委员会．林州水利史[M]. 郑州：河南人民出版社，2005.

[3]林风．红旗渠[M]. 北京：人民出版社，1974.

[4]郝建生，杨增和，李永生．杨贵与红旗渠[M]. 北京：中央编译出版社，2004.

[5]林风．红旗渠的哲学[M]. 郑州：河南人民出版社，1978.

[6]开封师范学院地理系《红旗渠》编写组．红旗渠[M]. 北京：商务印书馆，1976.

[7]水利电力部政治部宣传处．林县红旗渠[M]. 北京：水利电力出版社，1973.

[8]中国共产党林县委员会．重新安排林县河山[M]. 北京：农业出版社，1966.

[9] 郭海林 . 红旗渠日记 [M]. 北京：北京图书出版社，2015.

[10] 林风 . 红旗渠畔凯歌新 [M]. 北京：农业出版社，1976.

[11] 常江敏 . 今日红旗渠 [M]. 北京：中国文史出版社，2008.

[12] 李露亮，裴少峰，李露钢，等 . 中国红旗渠资源背景与制度安排 [M]. 郑州：河南人民出版社，2004.

[13] 郭世杰 . 红旗渠人物故事 [M]. 郑州：中州古籍出版社，1994.

[14] 林风 . 红旗渠颂 [M]. 郑州：河南人民出版社，1974.

后　记

什么样的时代，就有什么样的精神气质；一个时代的精神气质，决定了时代的品质。在激情燃烧的社会主义建设时期，林县人民以钢钎作笔、以悬崖峭壁作纸在太行山上艰难书写的世纪工程——红旗渠，成为昭示未来的精神坐标。而这种精神见于细节，融入信仰，所以是真切的、感人的、可以流传的。

美国未来学家阿尔文·托夫勒在20世纪90年代的力作《力量转移》中认为，从古至今经历了三种力量的更替：暴力、财富和知识。其中，他认为知识最为重要。其实，托夫勒先生忘记了还有一种贯穿所有现代力量的力量：精神。一个国家、一个民族真正的财富，不单单是它拥有多少物质财富，从某种意义上说，更重要的是拥有多少能凝聚力量的精神，而唯有精神的力量，才可以使这个国家、这个民族扛起“伟大”这个字眼。

由此可见，一个国家的精神气质，对其经济社会发展影响巨大。

所以，习近平同志讲，实现中国梦必须弘扬中国精神。作为中国精神中具有典型意义的红旗渠精神，是我们党的性质和宗旨的重要体现，具有穿透历史和影响未来的力量。在实现中国梦的征程上，我们需要红旗渠精神来激励我们永葆与时俱进的锐气、探索创新的朝气、团结奋进的士气和攻坚克难的勇气，为我们的时代标注新的精神高度，让梦想成真。

作为全国地方党性教育特色基地，红旗渠干部学院于2013年8月在林州建成开班。在学院筹备期间，学院委托我撰写一部关于红旗渠精神的教学参考用书。我深知自己的政治修养、理论水平和知识功底有限，对于完成这样一部专著，内心总是诚惶诚恐，只怕有负重托。关于红旗渠精神的论著，几十年来很多专家、学者从不同的高度、以不同的视野都曾进行过研究和探讨。如何在前人的基础上，站在新的历史起点上，以新视野、新角度、新方法来阐述红旗渠精神的时代意义，把红旗渠精神的力度和深度反映出来，促使我对红旗渠精神进行了深入思考。红旗渠精神没有被历史的尘埃掩埋，反而焕发出历久弥新的时代光芒。我们今天应该像当年林县人民一样，仍然保持那样一股干劲、一种激情、一种拼命精神。在深入思考的基础上，我翻阅了自己所能找到的有关红旗渠精神的资料，走访了大量红旗渠的缔造者，请教了许多有识之士，饱含着对前辈的敬仰、对红旗渠精神的敬畏，于2013年7月撰写了本书第一稿。在教学试用的基础上，结合各方面的反馈意见，我又于2014年5月撰写了本书第二稿，继续用于红旗渠干部学院内部教学参考。

2017年10月，党的十九大召开，我结合十九大精神，对本书进行了第三次修改。历经一年时间，终于完成，本书撰写的过程，也是自己的思想得到洗礼、精神得到陶冶的过程。

在撰写本书的过程中参考了林州市档案馆提供的大量原始资料，其中包括对当事人访谈的口述实录，魏德忠老师、红旗渠干部学院及红旗渠旅游服务有限公司提供了书中图片，在此一并表示感谢。

林州古称隆虑县，东汉延平元年改为林虑县。金、元时期称林州，明代改林县，直到1994年元月，经国务院批准，撤销林县，设立林州市。因此，林县和林州两个名称在书中不可避免地交替出现，敬请读者阅读时注意。

历经三次修改提升，本书有幸在大象出版社正式出版，走向了社会，与广大读者见面，倍感欣慰，在此向大象出版社表示衷心的感谢。

限于水平，书中不足之处在所难免，诚恳欢迎读者批评指正。

申伏生

2019年5月